Dedico à minha filha, Simone, hoje nos braços do meu Redentor Cristo Jesus, porque sinto o pedido dela por este livro, que mostra nossa passagem neste mundo tão lindo, porque viver é um presente de Deus!

Afago de um Anjo

Editora Appris Ltda.
1.ª Edição - Copyright© 2023 da autora
Direitos de Edição Reservados à Editora Appris Ltda.

Nenhuma parte desta obra poderá ser utilizada indevidamente, sem estar de acordo com a Lei nº 9.610/98. Se incorreções forem encontradas, serão de exclusiva responsabilidade de seus organizadores. Foi realizado o Depósito Legal na Fundação Biblioteca Nacional, de acordo com as Leis nºs 10.994, de 14/12/2004, e 12.192, de 14/01/2010.

Catalogação na Fonte
Elaborado por: Josefina A. S. Guedes
Bibliotecária CRB 9/870

C355a
2023
	Castro, Maria Fátima de
	  Afago de um anjo / Maria Fátima de Castro.
	  1. ed. – Curitiba : Appris, 2023.
	  255 p. ; 23 cm.
	
	  ISBN 978-65-250-4540-5
	
	  1. Poesia brasileira. 2. Flores. 3. Anjos. I. Título.
	
	                                                        CDD – B869.1

Editora e Livraria Appris Ltda.
Av. Manoel Ribas, 2265 – Mercês
Curitiba/PR – CEP: 80810-002
Tel. (41) 3156 - 4731
www.editoraappris.com.br

Printed in Brazil
Impresso no Brasil

Maria Fátima de Castro

AFAGO DE UM ANJO

Gorete Oliva (Org.)

FICHA TÉCNICA

EDITORIAL	Augusto Vidal de Andrade Coelho
	Sara C. de Andrade Coelho
COMITÊ EDITORIAL	Marli Caetano
	Andréa Barbosa Gouveia (UFPR)
	Jacques de Lima Ferreira (UP)
	Marilda Aparecida Behrens (PUCPR)
	Ana El Achkar (UNIVERSO/RJ)
	Conrado Moreira Mendes (PUC-MG)
	Eliete Correia dos Santos (UEPB)
	Fabiano Santos (UERJ/IESP)
	Francinete Fernandes de Sousa (UEPB)
	Francisco Carlos Duarte (PUCPR)
	Francisco de Assis (Fiam-Faam, SP, Brasil)
	Juliana Reichert Assunção Tonelli (UEL)
	Maria Aparecida Barbosa (USP)
	Maria Helena Zamora (PUC-Rio)
	Maria Margarida de Andrade (Umack)
	Roque Ismael da Costa Güllich (UFFS)
	Toni Reis (UFPR)
	Valdomiro de Oliveira (UFPR)
	Valério Brusamolin (IFPR)
SUPERVISOR DA PRODUÇÃO	Renata Cristina Lopes Miccelli
PRODUÇÃO EDITORIAL	Jibril Keddeh
REVISÃO	Bruna Fernanda Martins
	Nathalia Almeida
DIAGRAMAÇÃO	Renata C. L. Miccelli
CAPA	Sheila Alves

AGRADECIMENTOS

Que esta obra seja não só minha, mas também daquela que a descobriu em mim, Gorete Oliva – graduada em Letras –, que deu vida às minhas sangrentas palavras, porque quando eu escrevia, dizia que eram gotas de dor em sangue saídas da alma em aprisionamento.

Agradeço também a vocês, Rose Apolinário, professora, e Ludimila Bastos, pedagoga, mestra e doutora em Educação, que tiveram um papel fundamental ao acreditarem em meu trabalho e alavancarem a publicação deste livro, que deixou de ser uma utopia para ser um sonho realizado!

Não poderia deixar de agradecer também ao meu conterrâneo e amigo Mário Tafuri – jornalista e bacharel em Direito –, que apostou em meu talento e cujo apoio foi de suma importância!

PREFÁCIO

É estranho, mas eu enquanto escritora, professora, pesquisadora, tive dificuldades em escrever este prefácio. E sabem por quê? Porque fiquei tão emocionada com este convite que me faltaram as palavras. Junto da emoção, veio a responsabilidade, pois sei que aqui temos a realização de um sonho.

Num canto de uma cidadezinha, em 27 de outubro de 1954, nascia a menina Fátima, que crescia e perguntas se fazia. Sem respostas desabrochava a mocinha de olhar colorido nos dias frios, nas noites escuras medrosas. A menina se perguntava, e como um manancial de águas que jorram, respostas vinham suaves como num afagar angelical.

Esse ser que a inspirou a afagou dando esse dom de entender, sentir e compreender a dor do existir, despertando com amor as palavras sábias, transformando-as em poemas, capazes de tocar o interior dos corações, curando as feridas causadas por desafetos, desamores, frustrações...

Fátima é uma daquelas mulheres que tanto valorizo, pois ela inspira outras mulheres. É forte, determinada, luta por seus sonhos. Carrega dores no peito, mas não deixa que isso a pare. Pelo contrário, utiliza como motivação para seguir em frente.

Sua maneira de enxergar o mundo é através de uma lente de amor. Vê sempre o melhor de cada pessoa e de cada situação. E, por meio de sua escrita, espalha o amor e nos faz mergulhar no íntimo de seu ser.

Consegue unir opostos em seu jeito de ser e em sua escrita. E, em seus poemas, transmite isso. É uma mulher doce e ao mesmo tempo forte. É sonhadora, mas, ao mesmo tempo, encara a realidade de cabeça erguida.

Ler os seus poemas é conhecer a Fátima por meio deles e se tornar íntima de sua essência, de seu ser.

Desejo-lhes uma boa leitura, bem como boas reflexões nas páginas seguintes. Que sintam a cada palavra, a cada verso, o afago de um anjo.

Ludimila Corrêa Bastos

Graduada em Pedagogia pela Universidade Federal de Minas Gerais (UFMG, 2008). Especialista em Inspeção Escolar (2009). Mestre (2011) e doutora em Educação (2017) pela Faculdade de Educação da UFMG. Professora e supervisora escolar no município de Mário Campos. Presidente da Comissão de Educação da Câmara Municipal de Mário Campos

SUMÁRIO

AFAGO DE UM ANJO 19

PRISÃO DE UM SONHO 19

FEITOS DE PARES 20

MEU CÁRCERE 21

AMARGO PRIMEIRO 22

FOI VOCÊ 22

PARAÍSO 23

CONFLITO 24

SEM AMOR 25

ROSE 26

OLHOS ABERTOS 27

PRECISO 28

EU, PASSARINHO 29

SIM 29

PEQUENA FLOR 30

DEUS EM MIM 31

MEU PEITO 32

FRAGMENTADO 33

SÚPLICA 34

JANELAS 35

NATUREZA DE UM MENINO 36

FADIGA 37

QUASE FELIZ 38

A BELEZA NA SIMPLICIDADE 39

EU TENHO SIM 40

LUCIDEZ 41

ADEUS, JOSÉ 42

MINUTOS DE AMOR 43

TRAÇANDO CAMINHOS 44

OBRIGADA, POEMA! 45

SENTIMENTO DE SOLIDÃO 46

AMOR DOS POETAS 46

RODA DA VIDA 47

BÁLSAMO ALIVIADOR 48

VENTO TRISTE 48
APEGO... 49
CHUVA DE LÁGRIMA.. 50
TETO SEM AFETO... 51
SERMOS OU TERMOS.. 53
SIMPLICIDADE 53
PEDRAS 54
CÉU NOS OLHOS 55
LADO OCULTO 56
DESATINO 57
CHUVA PASSAGEIRA 57
DORES E ALEGRIAS 58
ÂNSIA.. 59
SUAVE 60
ME PERCO 60
DESPEDIDA DE AMOR.. 62
CADA LADO 62
FLOR EM ESPINHO 63
SETE CHAVES 64
CAMINHOS 65
LELÉ 66
MEU VAZIO... 67
ANJO ILUMINADO 68
LAR SEM AFAGO.. 68
GUERREIRA.. 69
MÃE... 70
ESPERANÇAS VÃS 70
QUAL DE TODOS.. 71
ENGANOS JAMAIS 72
MOMENTO PRECISO 73
FRASE, VIDA E RISCOS.. 74
REVEJO CONCEITOS 75
AMOR PERFEITO.. 76
TER QUERIDO 77
PEDES 78
ESQUECIDA DE MIM 78
MEU MUNDO EXTERNO 79
PROCURA.. 80

PRECE 81
LONGA ESPERA 82
SONHO DO AMOR 82
BUSCA ETERNA 83
MÁGOA 84
INSTANTE 86
ASSIM SEREI 87
MISTÉRIO 87
NÓ NA GARGANTA 88
ABSURDOS 89
ATÉ BREVE 90
ATALAIA 91
FARDO 91
ESPERANÇA VÃ 92
CORAÇÃO ABERTO 93
SONHO É TEU AMOR 94
PARA TI 95
EU CREIO 96
SERÁ 96
APENAS DOR 97
DESPEDIDA DE AMOR 97
SEGREDO 98
SOFIA 99
EM TUAS MÃOS 99
AQUI 100
HOJE 101
PRÓXIMO MINUTO 101
HORAS 103
SILÊNCIO 104
DOR 105
LOUCURA 106
ASSIM 106
RETORNA DOR 107
IMPASSE 108
DORES E AMORES 109
QUALQUER COISA 110
FLOR 113
DESENCANTO 114

AMOR CONFUSO...114

MARIA...115

AVENTUREIRA...116

AÇO..117

CONSUMADO...117

LOUCURA TEMPORÁRIA..119

SAUDADE...120

VIDA SIMPLES...121

PRESENÇA DO FIM..122

DEPOIS DO FIM..123

CÉU..125

PEDAÇOS...126

ADORMECIDA LEMBRANÇA..126

CINZENTO..127

NINGUÉM IMPEDIRÁ...128

NADA SOU..129

DOM...130

AMORES CLANDESTINOS..130

VIOLETAS...132

LÁ FORA..132

SEDUTOR SER...133

HOJE E AMANHÃ..133

OLHAR..134

APENAS TRÊS DIAS...135

PASSAGEM...135

MEMÓRIAS...136

AUSÊNCIA..137

SAUDADES...138

PERVERSO..139

TE PERDI...139

PÁLIDO...140

AMOR É ENCANTAR..141

ELI...142

CARÍCIAS...142

SOCORRO...143

TERRA...143

ESCREVO PORQUE SINTO..144

CHAMA ARDENTE...144

FILHA AMADA 145
ETERNO 146
ILUMINADO 147
TÃO IGUAL 148
METADE 148
ESCAPES 149
LOBOS 150
AINDA QUE SEM FOLHAS 151
AMOR DE MÃE 152
ESPELHO DA ALMA 152
INVEJA 153
POR QUÊ? 154
RECOMEÇO 155
O PREÇO DA CONSCIÊNCIA 155
PAISAGEM 156
FRIO OLHAR 158
ANJO DE MIM 158
AGORA 159
MEU AGORA 160
DESCOBERTA 160
VÁRIOS 161
AMOR SEM FIM 162
SER DE LUZ 163
SINTO 163
TEM COISA 164
MUDANÇAS 164
PEREGRINA 165
PEDRA BRUTA 166
DISTANTE DA DOR 167
VENTO 167
SOLITÁRIA 168
PERDIDA 169
SEI 170
LINDO 171
MEU ANJO 172
DESEJO 173
MULHER 173
AMOR DE OLHAR 174

ÁGUIA 175

SOU ASSIM 175

REPETIDA ESCOLHA 176

DESENCANTO 177

CAMINHOS 178

VIDA LOUCA 178

ELE 179

MEU ABISMO 180

FALAR COM DEUS 181

DEPENDENTE 182

RETRATO 183

TE QUERO SOLIDÃO SABER 184

NESTA HORA 185

REAL 185

DESCOBERTA 186

SÓ COMIGO 187

TEMPO 187

A VIAGEM 188

POR HORA 189

ABANDONO 190

FANTASIEI 190

LAMENTO 191

VAGANDO 192

EXATAMENTE 192

TRÊS AMORES 193

AMO, E VOCÊ? 194

DIA FELIZ 194

DESPEDIDA 195

AMO VOCÊ 196

PONDERAR 197

ALGO 198

EXTREMOS 199

ELE PITU 200

FIM DO AMOR 200

DESLUMBRE 201

RAUL SEIXAS 202

SER 202

MEU UNIVERSO 203

DIFICULDADES E VITÓRIAS...........................203

SIMONE 204

ESTRELA PERDIDA 204

LAMENTO 205

ALMA FERIDA 206

EXPERIÊNCIA..206

JESUS 207

PARA CIMA...208

PAPEL EM BRANCO...............................209

PÁSSARO SOU..210

SONHO DE MENINA...............................210

APENAS ISSO..211

QUERER-TE 212

APENAS AMO 213

DESILUSÃO...213

AMARGA DÚVIDA 215

SAUDADE 216

INSATISFEITA.......................................217

OLHOS ABERTOS..................................218

RETORNO 219

EU 219

DÁDIVA (ÚLTIMO) 220

DESCOBERTA 221

LUZ...221

LEMBRANÇAS 222

ANÁLISE 223

MEU DEUS!...224

AMOR ÚNICO..224

PRISIONEIRA 226

PRA ME EXPLICAR................................227

A VITÓRIA NO FINAL 228

FRACASSOS..228

ANJO ME GUARDE 229

PAPEL NA VENTANIA 230

AMOR, O QUE É? 231

TEMPESTADE.......................................232

JOGO DA VIDA......................................232

FASES DE MARIANE 233

VIDA 234
MOÇA LINDA 234
DESMISTURAR 235
SOLIDÃO 236
VIVER 237
VIVER CANSADO 238
O AMOR É SEU TEMPO 238
MINHA META 239
SOU VIDA 239
LIVRE PENSAR 241
TERNURA 242
MAR DE PAZ 242
ESTRELAS SOITÁRIAS 243
MARIAS 244
SÓ 245
DESTINO 245
O RIO DE UM HOMEM SÓ 246
CORDÉLIA 247
DESENGANO 248
RECOMEÇO 249
EM TUAS MÃOS 250
NÃO SEI 250
SÓ POR ELE 251
ACONCHEGO FAMILIAR 252
PAREDES 253
CARÊNCIA 253
DÁDIVA 254

AFAGO DE UM ANJO

Rosa dos ventos, flor da aurora
Chora não ser como és agora
Ah, Rosa suspirante de orvalho transparente
Quem te vê se maravilha com seu perfume exalante
Rosa dos ventos pétalas derrama
Tão suave é teu perfume, a tudo sobressai
Rosa tão pequena cor de sangue
Tu és rosa cujo espinho te acompanha
Para proteger-te quem sabe
Rosa verdejante de roseira ingrata
Tão seca na pedra nasce
Rosa que é tão somente rosa, linda e tão frágil
Só existe para o encanto dos que te amam
Tu que és rosa seja em teu momento
Linda para alegrar!

PRISÃO DE UM SONHO

Quero entender meu espírito e andar por entre as flores
Quero alcançar as borboletas e deixar meu lado triste
Trancado nas gavetas, nos poemas de amores
Gosto da vida e das cores
Pelas avenidas ando olhando as árvores
Que vivem trocando favores de espaço em espaço
Cada qual tem seu pedaço, cada uma encanta a outra
No alto de suas copas abrem-se os galhos como braços e abraços
Somente os pardais por companheiros e o sol pra se tocarem
Quero as tais como exemplo pela vida, pelo mundo inteiro
Meu espírito deseja amar e não encontra seu par

Toda angústia de um tempo se resume em uma palavra, frase
Preciso e quero amar, nasci sensível e amorosa
A olhar atenta passei dias a esperar
Parece que meu espírito já sofreu de amor
Um dia na prisão de um sonho quero o amor libertar
E meu espírito descansado deixar um dia dormir em paz
Hoje, este amor tem rosto e olhar de anjo
Gestos brandos e beijos ardentes
Na distância do impossível aguardo seu regressar
Como espada de dois gumes que atravessa o peito, aceito e perdoo
Na esperança de que sem dor virá de volta este amor a me alegrar
Pelo sim e pelo não coloco no coração o pedido ao Deus maior
É sua vontade ou a minha
Se a ordem for sim, te servirei até o fim
Se for não, acalente meu coração, Senhor!

FEITOS DE PARES

Preciso dizer o que sinto
Na manhã que não te vejo
Sinto o vazio do peito
E o pensar da amarga solidão
Já não sei o que é pior
Ter você por instantes
Ou te perder e perder-me
Depois me achar na paz
Nasce o ser para ajuntar-se
Agora vejo, somos feitos de pares
A vida nos acomoda
E quando surge a felicidade
Vemos, somos frágeis enfeitados de fortes
O amor tem seu preço e suas glórias

Ter você é como repousar em águas mansas
O amor que vejo em teu olhar
Me faz sentir prazer
Segue o princípio do prazer
Assim é o ser saudável
Neuroses há sim
Em quem manipula seus próprios desejos
Hei de amar-te até sangrar meu peito!

MEU CÁRCERE

Entro pela porta e deixo aberta
Como no meu inconsciente desejo sair
Quem tá do lado de dentro e procura
Sei lá qual rumo
Eu perdida de amor
Busco momentos de prazer
Tudo em vão, o tempo corre para mim
Enquanto o amor anda a passos lentos
A juventude perdida me deixa
Sem saber o que posso ter
Eu, adolescente me vejo
À procura do amor que ansiei desde a infância
Meu pai querido, eu tive que te esquecer
E procuro em cada olhar, seu rosto
Passo e deixo portões escancarados
E sai quem quer
Só, eu prossigo em meu cárcere
Pois que me recolho a
Minha inútil realidade
E o tempo para mim, corre!

AMARGO PRIMEIRO

O que foi você para mim, hoje?
Foi te ver frio como a chuva que me deu
Como o não que me mostrou
E também verdades que ficaram
O que é você hoje, em mim?
Solidão, quietude, esperas em vão
É também fumaça de neblina
Olhar você pela janela
Te ver passar em passarela
O que eu vi em tudo que eu te dei?
Vi seu rosto apagado
Teu sorriso em outro lado
O silêncio por teu descuido
Tua ausência por vontade
Teu querer por mim, morrer
Amargo primeiro dia primeiro
Doces são suas horas
Que começam no raiar
De um novo dia!

FOI VOCÊ

Que me ensinou a ser tão forte
Quando me mostrou a morte
Dos sonhos que eu sonhei pra nós
Mostrou-me o mundo pequeno
De cada canto do seu ser
Do vazio do seu coração
Dominado pelo sim e o não

Foi você, ser tão puro
Que a vida tornou tão duro
Que me ensinou a amar
A amar por nós dois
Porque toda mágoa deságua
Para não afogar nosso peito
Te vejo feito bicho do mato
Te dou minha mão, te faço um afago
Mas sinto seu medo de me ver
Foi você, que é perfeito como Deus
Tão valente, mas tão carente
Que me faz tão forte
Quando assisti a morte do poeta e da infeliz
E hoje eu sinto esmagar meu peito
Ao chorar por nós, pobres mortais
Tão frágeis diante do mal
Que esmagou o amor do poeta
E condenou a infeliz
E eu, por um triz não caí
Sou forte quando só sei te amar!

PARAÍSO

Filhos do agora
Filhos do mundo atual
Filhos frutos do meio ambiente
A quem dará seus sorrisos?
À mãe cheia de amargura, jamais
Filhos criados perfeitos
Em teu caminho agora
Traça a acender sua luz

Por entre escuras ruas
Eu como a que te dei a vida
Me encolho aos teus desprezos
A culpa deixou-me em paz
Filhos, donos de suas vontades
Ai quem dera eu tivesse visto
A verdade dos meus pais
Tantas represálias que nada mais eram
Como guiadas nos bois sem rumo
Hoje filhos amaciados com tantos cuidados
E vida sem porquê
Filhos, hoje, que tanto quis libertos
Se rebelam em dor de imaturidade
Te guardarei em meu peito
Sonhando com o amor entre nós
Escrito nos versos de canções
Choro as perdidas noites
Que eu te embalava febril
E entregue a qualquer braço
Hoje te entregas ao contrário
De sua rotineira vida
Pedes distância de quem sofre
Até que a venda te saia dos olhos
Ficarei orando a Deus por ti!

CONFLITO

Eu olho e vejo as honestas
Eu olho e vejo as perdidas
Vejo o céu e o mundo
Confundo

Vejo pessoas a me olhar
Volto ao passado do catecismo
Onde a felicidade era ter Deus
Tudo que meu corpo deseja é pecado
Eu sou alma, eu sou corpo
Os dois pedem vida
E vida é alegria de viver
Eu olho o mundo que me mostraram
Confundo com tantos a dizer: é assim
Pra mim nada é certo, somos apenas confusão
Porque santa é aquela imagem de igreja
Quero ser igual, mas só ela o é
Porque foi feita assim
Eu olho o vazio em mim
Começo a me ver como casca, oca
Logo vejo o mundo, imundo
E quero ser santa
Sou erva na beira do caminho
Serei cura ou veneno, serei alimento
Mais alguma coisa perdida serei
À espera do perdão do meu criador
Pra me aquecer no fim!

SEM AMOR

Aqui, agora, estou sem amor
Parada como rocha presa nas alturas
Vejo o mundo idealizado pelo meu desejo
Bem lá no baixo da serra
Fico a olhar as aves livres
Que voam de lá pra cá

Vizinhos passageiros sobem os muros
E veem meu castelo de pedras
Em cada ser um mistério
E conflitos dominam suas mentes
À procura de felicidade
Tão simples amar
E tão difícil dizer, viver o amor
Assim perdida, fico parada
Olhando o sabor da vida
Da janela da minha sala!

ROSE

Te perdi sem te encontrar
Ondas de seus longos mergulhos
Que a vida te fez galgar
Sonhos que pareciam mais
Que tormentoso acordar
Foi tão linda e forte
Como a flor em botão
Sem desabrochar
Vi tantas gotas de orvalho cair
Como se assim fosse seu viver
Porém, jamais pensei que sua vida
Fosse assim tão curta a me mostrar
Se eu pudesse voltar o tempo
Te ergueria minhas mãos
E daria aos seus olhos tímidos
A alegria de me enxergar
Quanta pena sinto de ver-te
Tão longe agora

Tão cedo partistes
Sem ao menos me avisar
Te amei como uma filha distante
E sem apegos
Pois que sua concha já fechada vivia
Como se quisesse dizer:
"Passei aqui só pra te ver
Porque minha casa fica tão distante
Que quanto mais cedo eu partir
Lá chegarei pra descansar
Amo, amei e amarei!
Adeus!"

OLHOS ABERTOS

Prazer de ser, prazer de viver
Assim viverei até meus olhos fecharem
Ainda que os inimigos se tornem
Mais fortes que minha grande alegria
Sentirei o doce gosto da vida
Vida alegre, mundo em que vivemos
De momentos bons e olhares de inveja
Quanto maior meu sorriso, maior a dor
Daqueles que me desejam triste
Sou feliz como uma plantinha
Que vive ao relento
Triste seria ela se fosse pisada
Por quem a dissesse amar
Como nasceu só e solitária vive
Verde e linda, cresce e floresce
As flores são como nós

E duram no tempo de sua alegria
Assim que triste ficarem se derramam no chão
De onde vieram pra sorrir
E no adeus deixa guardado no solo
Sua última esperança que em dias de chuva
Irão brotar e a vida assim seu lindo ciclo recomeçar!

PRECISO

Preciso ser quem sou
Sem esta dor que mora em mim
Preciso ser sem seu amor
Sem esta que fez nascer em mim
Preciso aceitar quem eu sou
E assim viver até meu fim
Preciso então saber
Que sem você eu sei viver
No meu amanhecer vejo sol nascer
Vejo a chuva molhar meu lar
Vejo vento soprar em meu rosto
E vejo a brisa molhar meu corpo
Tudo vejo, tudo aceito
Pois que viver é tão somente
Aceitar que hoje tenho-te
Amanhã não sei se teu sorriso terei
Se teu sim esperarei, se meu corpo te darei
Apenas sei que preciso apenas assumir
Preciso ser quem sou, com doces e amores
Com mágoas e alegrias, com amigos e vazios
Mas amando ser simplesmente aquilo que eu sou!

EU, PASSARINHO

Eu sou como um passarinho
Que nas folhas verdes de uma árvore
Se esconde da chuva, faz seu ninho
Entre galhos temporários
Voo ao abrir o sol
E de pouso em pouso
Bailo entre palmeiras, cedro e laranjeiras
Me escondo das mãos que na gaiola me aprisionam
Mãos tão quentes e fortes
Mas num simples espremer-me
Eu frágil morrerei
Eu sou como um passarinho
Que a vida fez ser assim
De penas amarelas e brilhantes
Sem a fortaleza de um vento
Mas voando por entre espinhos
De uma existência!

SIM

A tua miséria encontrou a minha
O teu olhar encontrou no meu
A tua ânsia em cada ser
Os teus pecados me chamam
E o amargo preço é o fim da minha paz
O dia que te encontrei
Nada em mim despertaste
Apenas doce presença
Me joguei no teu nada

Na tua miséria, no teu mistério
Neste encontro de minha alma
Fui me vendo em você
O que achei me revelou
Tudo que um dia apaguei
Fui me encantando com nossas misérias
Com nosso pobre coração solitário
E na fusão dos nossos desejos
Me perdi sem perceber
Que você era em mim
E eu nem sei se algum dia
Fui algo em você!

PEQUENA FLOR

Sou eu quem vive pra sorrir
Até que sorrisos me lancem
Sou assim tão pequenina
A olhar o mundo com amor
Sou a que terna se torna
No agir das tantas formas
Sou quem de muitas águas mergulhou
A buscar lavar-se da dor
Sou pequena como criança
E tão grande em meu agir
Tenho os pés tão frágeis
Que ao pisar as pedras, tremo
Sendo então divina flor
A chorar sou alimento
Torna, pois que nesta
Vida breve que se passa

Nada vale mais que o meu amor
Tenho levado meu juízo
À frente dos meus lúdicos sonhos
Para que me venha vida farta
Mas que pena é a vida
De uma quem sabe
Pequena flor!

DEUS EM MIM

Bem aqui, eu pedi
Quero você, quero teu querer
Bem aqui, eu estou
Sem você que eu pedi
Bem aqui, agora estou
Sem você, sem seu amor
Sem seu olhar, sem seu querer
Sem ter por que viver
Sem ter seu sim
Seu querer sem fim
Sem sua mão a me tocar
Sem você pra sonhar
Bem eu aqui, agora estou
Sem nada, sem ninguém
Sem carinho, sem teu olhar
Sem coisas e sem nada esperar
Pois bem aqui, eu aprendi
Que dentro de mim
Apenas eu, Ele
Deus, que eu descobri em mim
Lá dentro, no meu melhor

No meu sorrir, no meu alcançar
Na minha força a buscar
No meu momento frágil
Nas minhas dores
Na solidão humana
Na descoberta de mim
Bem aqui, agora estou
Comigo sem mim
Contigo sem fim
Com amigos que passam
Com o sol que nem sempre nasce
Mas nada, nem ninguém será por mim
Só Ele que vi quanto existe lá dentro de mim
Deus!

MEU PEITO

Te espero sim, dentro do peito
No pensamento, te espero não
Só vejo pedaços de amores
Outros de dores
Dores que ainda terei
Talvez sim, talvez não
Te terei quem sabe Deus
Esperarei sim
Mas dentro eu sei
É ilusão ou frustração
Tudo que mais desejei
Só nesta hora é perfeição
Então me perco no meu dilema
E ela, avida, dita meu querer

Te quero e te espero
Mesmo sem tua clara verdade
Mesmo com toda saudade
Mesmo tendo seu não
Te espero sem desespero
Te quero sem desgosto
Apenas e tão somente
Em meu peito!

FRAGMENTADO

Destino meu, oculto em dor
Dor de amores vãos, de dores creio
No chão de amores, piso eu
Meu peito jaz nas mãos de Deus
Pedaços perdidos
Sem formas ao ajuntar-se
Das tantas horas de angústia
Dos tantos suspiros quebrar-se
Palavras que sangram
No peito meu
Olhares que matam sonhos
De tanto mal que neles viveram
Dos dias mais escuros, escondo-me
Tentando ajuntar pedaços
De uma vida sem ternura
De tantos amores em frangalhos
Que doce é a esperança
De um dia te encontrar
No meu pedaço que falta
Completo meu peito será!

SÚPLICA

Preciso sim, do teu carinho
Do teu sorriso, do teu jeitinho
Preciso agora, antes e depois
De ver aqui pertinho de mim
Do teu abraço sem fim
Do nosso amanhã juntinho
Preciso de você mesmo a me doer
A me doer seu silêncio
Seu firme dizer
Sua ternura esconder
Seu olhar me repreender
Preciso do teu amor
Do teu calor
Da tua simplicidade
Da tua humildade
De tudo que é você
De tanto que te preciso, reflito
Onde andará você?
A quem dará teu querer
Tua mão a tocar
Teus olhos a olhar
Teu carinho a fazer?
Aí então vejo
Que de tanto querer você
Me esqueço que sou eu
A me amar, a me querer
A ficar ao meu lado
A ser livre, a voar
A olhar tantos a me querer
E eu, num sorriso, apenas a dizer

Amo a todos vocês
Mas preciso primeiro me amar
Antes mesmo que teu amor me apague
Me faça não me ver
Me mostre apenas você
E me arraste aos teus pés
E no ato da súplica
Eu me entregue aos teus desejos
A tua vontade

Até que meus dias se tornem
Tão sem graça, tão sem vida
Como de uma santa esposa
A viver!

JANELAS

Campos de hortênsias
Se tornam campos de sonhos
Nos olhares sérios me encontro
Nas janelas fechadas e rostos calados
Montes que se encontram
Montanhas, ruas movimentadas
Verdes campos da minha terra
Que no passado molhado e frio
Eu caminhava com ele de mãos dadas
No rosto o desgosto se achava
Na tia sistemática fazia assim
Minhas duras sensações
Trinta anos se passaram e eu lá
No campo das hortênsias

Corria nos altos pastos verdes

Escalava minha coragem

Há campos de hortênsias azuis

Assim são todos que aí encontrei

Misteriosos, silenciosos

Como és lindo e cheio de emoções contidas

Me apaixonei pelo que sou

Depois que te encontrei

Pude ver as tantas mágoas desfeitas

Assim como o azul das hortênsias

Quero encontrar meu descanso

No quem sabe talvez

Sorriso dos que me amam

Ou nas montanhas que cercam

Lindas hortênsias!

NATUREZA DE UM MENINO

Menino carente, menino valente

Que no passado foi amado

Tratado feito ave

Te amei tanto, menino

Que te aprisionei a um mundo

Feito só de amor

Agora os galhos tornam-se troncos

Há tanto em busca de sombra

A selva emite sons

Som das águas descendo sobre pedras

Mata fechada de caminhos desconhecidos

Um mundo estranho

De encantos e desencantos

De susto e de medo
Tudo aventura que o tempo
Vai deixar pra trás
E lá está você, lutando
Vivendo cada momento
Olhando a noite e o dia
Surpresas e tédios
É este seu mundo de agora
Olhe lá fora, mas antes
Descubra você
Que é gigante diante do seu medo
Da sua natureza querendo sempre mais
Pedindo momentos de felicidade
Mas felicidade é saber ser maior
Maior que a própria vida
Menino!

FADIGA

Eu, poeta de coração aberto
Eu, transbordante de amor
Vivo eu, derrotas ao que sou
Eu, filha da dor, magoada guardo
Eu, explosão do querer
Luto, busco a paz
Que paz, onde achar?
A que vim pagar, sei lá!
Eu, louca pra amar, não acho
Mas inimigos é só atiçar
Montanhas surgirão
Eu que não desengasgo

Ao saber-te só
Rastejo ao seu redor
Te espero em vão
Eu, que pedras mostro no rosto
Tenho coração esmagado por gritos
Rejeição ao que sou
Eu e meu nó na garganta
Meus inimigos e os que
Me amarão depois da morte
Eu que vim não sei de onde
Só desejos guardo
Poeta de coração
Choro!

QUASE FELIZ

Quase cheguei ao meu sol
Quase fui feliz
Quase cheguei a sorrir ao te ver
Quase fui perfeita
Quase a morte me levou
Porém, fugi ao encontro do meu tudo
E quase achei
Quase me deram mel
Corri até onde consegui
Engoli lágrimas, me dividi e não vi
Amei a ilusão, busquei Deus dentro de mim
Achei e agora sou fiel, quem sabe? Quase
Quase fui mulher feliz
Estou a achar minha luz no ser que sou
Ainda que derrotada sigo a olhar a vida

Em me sentir alguém, quase me fará feliz
Se sou poeta por sentir assim perdida no quase
Sigo a carregar meu destino
Assim amo sem quase nada pedir!

A BELEZA NA SIMPLICIDADE

Sem palavras belas
Sem estrada atrás
Apenas com olhos
De alguém capaz
E coração cheio de amor
Pra falar docemente
Do vagar de tanta gente
Da injustiça ao que nasce
Sem saber o que será
Do amanhã, do desejo
Da vontade de ser feliz
E não depender da gente
Da simples condição
De sentir a alegria
Do poder dizer:
Serei gente
Por isto sei reclamar
Ou até escrever sem estudar
Sem ter vontade de ser maior
Agradeço o que sei alcançar
Poderia eu copiar palavras belas
Mas não seria eu
Porque amo ser simples
Pra saber dizer, sinto

Acho até o maior dos maiores
É capaz de gritar
Quando as pedras no caminho encontrar
Enquanto a vida existir
Todo ser será tão somente
Igual!

EU TENHO SIM

Eu tenho sim
Uma dor que mora em mim
Prisioneira sou de quem me ama
Ou diz me amar
Eu vivo assim
Olhando os dias passarem
As derrotas são meus troféus
Cada um custou-me
O amargor das horas tristes e solitárias
Eu tenho sim, uma esperança guardada
E um sorriso que mostra vida em mim
Como andarilhos a procura do nada
Pago pelos meus erros
Na juventude fui vencedora
Alcancei meus anseios
O que era apenas parte da ambição
Dos que me sugaram
Hoje sou real
Carrego apenas
O que restou da minha ilusão
Amigos viraram-me as costas
E com um beijo, traíram-me

É, este é meu tempo melhor
Vejo a força real que me resta
Carrego a dor em mim
E os sonhos não realizados
Culpada sou de ser assim
De sonhos fiz meus dias
Enfeitei meu vazio
De perdidas fantasias
Como um poeta desejei um amor
Que a vida nunca me permitiu viver
Sentimentos claros saem de mim
E eu faço da vida uma grande aventura
O que me derem beberei com prazer
E se me negarem viverei para me amar!

LUCIDEZ

Em algum canto está ela
Seria eu ou ele em mim?
Guardada, sofrida, magoada
No entanto, acesa
O momento confuso
Não a deixa dormir ou se fechar
As luzes da alegria, pra ela sábia
São passagem de um raio
As lutas são apenas desafios
Dos dias de um aprendiz
Lá está ela acesa
A loucura não a faz dormir
Pra ocupar o seu lugar
Nem mesmo o mundo de cada ser

Que a faz tantas nos minutos que passam
Tira dela sua clareza a refletir
Nem a perda de minha certeza temporária
Me faz apagar para ti
Lá está ela em mim pra te olhar
E te fazer um ser
Assim como a mim
As dores de um dia a faz maior
Pra olhar o universo de uma vida oculta
Dentro do meu corpo
Do seu corpo tão igual ao meu
Guiado tão diferente
Lá está ela que sou eu
Ou Deus em mim!

ADEUS, JOSÉ

Um dia, de cabelos brancos
Sentarei em algum banco
De alguma praça
Misturarei lágrimas e sorrisos
Se eu puder saber
Por que estou vazia de história
Entre flores e espinhos eu passo
Olho o meu caminho
Já não ando sabendo de mim
Porque assim você me faz sentir
Quando não me deixa amar
Amar, só os loucos
Ainda que sábios, loucos
Tentam viver desta luz

Que só queimam os olhares frios
Dos normais vazios
Naquele banquinho irei me sentir
Plena da minha própria companhia
E de companheiros desta mesma agonia
De cabelos brancos, pele sem beleza
Me sentirei única, talvez frágil desamparada
Quem sabe desfeita de ideias
Não acreditarei no que eu soube um dia
Por que vocês destroem o meu poder
Cheia de dúvidas passo horas
Meio que a procura de te agradar
Sem saber qual de nós é normal
Eu que de tanto amar me perdi
E você que nem a mim sabe entender
De tão vazio de emoções
Sei que vou chegar naquela praça
Espero que de pé
Pra te falar adeus!

MINUTOS DE AMOR

O amor vem chegando e me toca
Me olha, busca meu olhar e me inquieta
O amor inexplicável encontra formas estranhas
Nada comuns e me completa
Não é só por me achar só
Nem pela beleza vista a olho nu
E sim pelo encontro do que procuro
Te vejo distante do meu corpo
E tão perto da minha alma solitária

Assim que me chega, assusta
Logo alegra e em seguida
Me faz feliz por instantes
Um pouco cega, talvez
Mas vendo os olhares acusadores
Do mundo que não me cabe
Já não sei se vou te amar agora
Só sei que te quero ver neste instante
Mas sinto doer este amor que não posso ter
Te vejo em taça do puro vinho
Te quero beber, mas sei que é loucura
Mergulhar nesta busca tão curta de prazer
Enquanto eu puder voar, vou te olhar
O preço de ter você é aceitar me perder
Mesmo assim eu vou te olhar agora
Amanhã serei a presa mais livre
Que a história do amor já contou!

TRAÇANDO CAMINHOS

Por desconhecer o caminho me perdi
Andei só, até achar meu mundo
Tracei possíveis horizontes, peguei atalhos
Dei tantas voltas em torno de mim
Eu vi a vida passar pra todos
Mas eu sabia que lá fora tudo era tão normal
Aquele veículo sempre passava naquela mesma rua
As pessoas se entreolhavam distantes
Algumas amáveis, outras frias
Eu, mais alguém aí a observar
A alegria sadia que eu não via em mim

Tantas vezes eu disse sem saber
Porque o sentimento que eu queria de você
Eu não via
E eu tentava entender
Mas como, se tudo era um caminho a traçar
Foi aí que a descoberta do nosso universo
Surgiu em forma de dor
O que eu sentia ninguém sabia
Mas solitárias se faziam as horas
De um momento amargo que eu vivi
Não sei se alguém vai saber ler o que digo
E assim sentia a vida
Na forma real de cada um
Tudo vai continuar como sempre, tudo normal
E todos tentando entender o seu universo
Olhando lá fora sem ver que o caminho
Está dentro de cada homem!

OBRIGADA, POEMA!

Obrigada, poema!
Por sair de mim
Como se fosse pingos de dor
Que aliviam meu espírito
Obrigada, poema!
Por fazer parte de mim
O dia que te descobri
Passei a não ter desespero
Sei que sua maior força emana luz
E eu escrevo, e escrevo, e escrevo
Tudo para derramar meu vulcão

Que adormecido foi revirado
Obrigada, poema!
Porque és a fonte que eu deságuo
No momento de total desespero
Você é minha total força agora
Não me abandone!

SENTIMENTO DE SOLIDÃO

Sentimento de solidão e tédio
Euforia e esperança
Assim o amor caminha e embriaga
Prazer, doce prazer tão caro
O amor que faz doer tão forte
Tão simples é ter você
Mas sua vida já tem traçada seu rumo
O amor chega ao seu destino final
E eu nada sei
Espero e sinto, pressinto
Longo tempo pra nós
Entre fim, entre começo
Dormirei por minutos
Até acordar ao lado teu!

AMOR DOS POETAS

O amor que eu sinto só existe em mim
O amor dos poetas tristes e solitários
Solitários por morarem na imaginação
Ou na esperança criei, materializei

E no simples toque não te achei
Como na distância
O amor realizado dói, como dói!
Ou é a dor da sua entrega desigual
Batendo em meu querer
Vazio está meu corpo
E cheio de ânsia está meu coração
Que dor funda é o amor que não existe
Ou existe só dentro de nós
O amor emoção, tão suave e cortante
Estou caindo em meu abismo
Ou chego ao chão, ou ao céu
Enquanto o objeto do meu desejo
Por aí anda perdido em busca
Quem sabe de si mesmo
Achará ou me procurará como abrigo
E eu aqui em busca do que não existe!

RODA DA VIDA

Se os minutos não são iguais
Pra que chorar se tudo vai passar?
Pra que, se o ponteiro gira
E deixa pra trás as horas e as lágrimas?
Pra que tristeza, se nem um minuto
É igual ao próximo?
Nada é parado
E a roda da vida gira, gira, gira
E com ela as angústias pra trás ficam
As dores se renovam
Mas nunca pelo mesmo tapa na cara

Ou pela mesma derrota
Pra que tanta desilusão se tudo gira, nada para
E o tic-tac continua e traz outra história
Outras emoções, outros olhares?
Porque dói tanto o ponteiro girar
Enquanto você se esconde?
Porque não parei pra pensar
Que nem um minuto é igual ao próximo minuto
Horas, dias, anos?

BÁLSAMO ALIVIADOR

Sou dona da dor que procurei
Mas você, poema, é meu bálsamo aliviador
Como não chorar por tudo que desejo e não acho?
Mas você, poema, é meu lado dourado, meu riacho
A vida é fria e as pessoas confusas
Perambulam sem achar seus pares
E eu que sonho tanto
Só pesadelos vivo na realidade
Mas cada dor você transforma em poesia
E me faz realizada
Só você é meu grande amor
Materializo o meu desejo e recebo desilusões
Mas tu transforma meu sofrer em arte do sentimento
Obrigada, expressão poética, quem te criou soube
Transformar toda dor em ricas palavras de amor!

VENTO TRISTE

Voa tempo perdido, voa e leva esta dor

Que desabrochou ao perder minha doce ilusão
Vai contar aos quatro cantos do céu
Que a minha dor precisa dos anjos que ali habitam
Acalenta meu sono confuso e faz calmo meu amanhã
Quero ver o sol nascer clareando meu dia
Voa tempo iludido e leva consigo a minha paixão
Junto às lembranças do doce prazer do meu corpo junto ao seu
Vai vento, ventania, carrega o cheiro da tua pele ao me tocar
Quero ser livre outra vez e sonhar, sonhar, sonhar!

APEGO

Busca de amor, braços abertos
Abraços de encontro do sol e a flor
Da chuva em arco-íris
No findar da tempestade
Apego, sonho de amor eterno
Busca de um sofredor
Sonho que realizou
Mas apego
Morte no adeus final
Perda de ilusão
Consciência do não
Apego, criança em nós
Dor que já nasce do ventre da mãe
E teimosos cremos que o outro temos
Sem ver que um dia
Deus nos chama ao seu encontro
E do outro é só adeus!

CHUVA DE LÁGRIMA

A chuva cai lá fora
E dentro de mim
Como lágrimas da natureza
Agora só o pensar me traz
A angústia da definição
Que nunca vem
Enquanto amargo momentos de incerteza
Seu envaidecer cresce e floresce
Te vejo feliz feito menino
Confiante nas tantas carícias
Toda falta foi jogada em suas mãos
E tu brincas com o nosso querer
Me vejo feito menina
À espera de carinho
Sua terna mansidão
Me acalma o espírito
Mas é só por segundos
Saio e vivo o meu tormento
No buraco feito passa angústia
Angústia e incertezas
A vida nos condiciona
Ao teu caminho natural
Adaptada terei que ser
E eu entre momentos de angústia
Espero seu triste fim dentro de mim
Já é dia que passou de dias
Só o tempo e querer aclarado
Trará respostas
Assim, consciente tento chegar

Ao fundo do mergulho fundo
Nada posso planejar
Só mergulharei em outros lagos
Só sei que a paz e o amor
Estão de costas viradas
Ao meu ver
Se quero paz
Abro mão do amor
Que do outro não sei como virá
Passa a hora de me querer
Eu sei
Só o que me resta
É não mendigar
E sair derrotada
Porém, livre!

TETO SEM AFETO

Vida pronta, vida sem graça
Achei teu caminho feito
E assim aprendi a caminhada
De vida sem vida, vida sem graça
Desde que a vida
Me impôs um pronto caminho
Passei a olhar por entre as frestas
Tentando achar quem sabe
Um meio por onde
Eu possa atravessar
Presa sou de um hábito
Contínuo e sem saída
As mãos que a mim

Deviam segurar, se fecham
E dão adeus ou até breve
Pela vida passo as horas esperançosas
De um ser que a mim
Possa ajudar a encontrar
Meu novo caminho
Parada continuo, pois sei
Que apenas pessoas
Da qual sou escrava
Me ditam leis
Vida pronta, maravilhosa
De valor material
Teto sem afeto
Assim foi destinado meus dias
Mas sei que sou eu
A única culpada
Culpada de não ser cruel
Culpada de só querer o bem
E também de amar demais
De que vale sentimentos puros
Se minhas feridas são feitas
Pelo mal do não querer?
Passei pela vida nesse caminho
Acho que assim nasci pra viver
Se assim não fosse
Quem contaria suas dores, vida?
Vejo e sinto minha vida sem vida
De auto crítica acentuada
Pensamentos ponderados
E conflitos se entrelaçam
Até que o amor me diga
Alô!

SERMOS OU TERMOS

De que adianta boa aparência?
De que adianta saber tudo
Compreender e passar coisas boas?
De que adianta ser a dona de uma bela casa
De olhares de admiração?
De galanteios que nada além
De possíveis atrações?
Se tudo se resume apenas naquilo
Que todos na verdade procuram
Uma posição, uma arrumada vida
Atendo o telefone e vejo isso
Na entrevista de um telemarketing
Querendo saber apenas
"É você quem faz suas compras caseiras?"
Eu digo: Não, até isso parei!
Ele desliga numas simples palavras
Que traduzem tudo o que tenho
De real na minha vida.
"Ah, é? Então tchau, obrigado!"

SIMPLICIDADE

Já posso suspirar feliz
Te ouvir me ilumina
Te querer me maltrata
Mas quero morrer de amor
Não, não há rei
Nem todo ouro do mundo
Como seu sorriso no olhar

Me fazendo feliz
Te amei na simplicidade
E hoje esta é sua fonte
A me sustentar a ilusão
Sua voz eu quero
eternamente ouvir
Sou pura paixão e amor
Quando penso em ti
Serei eternamente sua
Se me quiseres
Nossos ideais se encontraram
E hoje posso ver
Nossas almas gêmeas
Jamais pensei viver tão forte amor
Hoje e agora posso dizer
Que sei o que é o amor
Se é dor é também
Fonte inesgotável de prazer!

PEDRAS

Sobre as pedras ando
Descalços os pés entre as pontas
Sinto doer o fio
Que alcança minha coluna
Meu coração sangra
Quero esquecer o que sinto
Não te querer como quero
Mas está acima de mim
Está presente seu gosto
Na minha boca

E seu cheiro no meu corpo
Foi apenas um momento
Mas ficou preso em meu ser
Quero esquecê-lo e preciso
Agora que vaga em busca
De mais um prazer
Sobre espinhos está meu sentimento
Quero tirá-lo, tudo em vão
O tempo, somente o tempo
Me dará novas esperanças
Creio que do amor
irei fugir, querendo
E a solidão calma
Será minha fiel companheira
Da paz que tanto anseio!

CÉU NOS OLHOS

Sou assim, tão diferente
Carente, persistente,
Enlouquecida para tais
Sou assim
Cheia de formas diferentes
Tive que me virar
Sempre fui diferente
No entanto, tão igual
Vejo a dor até de quem
Acaba de adormecer para sempre
Sinto cada emoção
Que passa no outro e sofro
Como se em meu peito fosse

Sou assim, e sempre fui
Tão diferente e tão igual
Busco dentro de mim
Gotas de Deus, pois sei
Que Ele mora em cada um de nós
Sempre fui assim
Sem horizonte nos pés
Mas com o céu nos olhos
Sem medo de ser, vou
Seguindo feliz em busca
Daquilo que sempre eu quiz!

LADO OCULTO

Quanto mais vivo, mais vejo
Mais sinto, mais penso
Que me querem triste
Quanto mais velha fico
Mais quero ser viva
Andar feliz, querer e sonhar
Só que vejo claro
Certas formas erradas de amar
Quantos mistérios há
No coração de cada um
Se dizem me amar
No fundo de um abismo, vejo
Porque todo ser exalta mártires
Fico a pensar, se Jesus fosse
Tão cheio de alegria como de santidade
Teriam o amado tanto?
Mesmo assim, dizendo amo

O condenaram
Quanto mais vivo, vejo
Descubro nos corações dos homens
Tanta amargura
Mas sei que vou ser alguém feliz
Sem o teu triste desejo!

DESATINO

Não se apaixone por mim
Porque você não vai me dar
O amor que eu quero
Não se prenda em mim
Porque você tem asas nos pés
Um desassossego
Dentro de cada alma há um desatino
E o amor é como a flor
Que nasce entre os espinhos
Bela e formosa, é como nós
Passa apenas instantes por aqui
Suas folhas brilhantes que
Tanto encantam, resistem ao vento frio
E a chuva tenebrosa
Mas o sol a traz de volta
Não se apaixone por mim
Porque não vai me amar
Como eu quero!

CHUVA PASSAGEIRA

Gosto do seu jeito, do seu peito

De sua pele morena
Dos seus modos estranhos
Até do seu humor difícil
Gosto da sua mão a me tocar
Do seu corpo a me roçar
De suas idas e vindas
Desse tempo sem tempo
Que me dá
Gosto de tudo que é você
Não só do nosso prazer
Mas de ter conhecido você
Gosto e não desgosto de tudo
Fujo das setas do amanhã
Fujo não perceber
O que todos veem
Que não terei você
Mas até disto eu gosto
Do equilíbrio que é nosso caso
Do descaso ao amanhã
Deste proibido e consentido desejo
Mas sem dor, sem culpa
Sem futuro eu vivo
Apenas para sentir você
Sem te ver!

DORES E ALEGRIAS

Ainda que tu, vida, me maltrate
Sou apaixonada por ti, vida
E assombrada pela morte
Morte dos sonhos, da alegria

Morte dos ideais, da crença no ser humano
Acordo em meio a este espanto
Olho e vejo o vazio do meu quarto
Então corro ao meu refúgio, Deus
Vivo dias lindos de aventura da vida
Sem planos que eu acho enganos
Em meio a turbilhões de dores e alegrias
Sonhos e realidade fria eu passo os meus dias
Futuro é meu agora a olhar o belo da vida
Ainda que esta traga fragilidade do meu corpo
Eu sem entender, desabrocho em graciosidade
Me vejo quase menina e às vezes no meu espanto
Acordo sem alegria
Tudo parte de uma vida
Que assim nos promete dias difíceis
Mas teimosos suportamos o que de lá fora nos oferece
As tantas loucuras de cada memória
Em cada ser, em cada circunstância
Mas vive-se ainda todos que amam sim
Esta chance de te viver, vida!

ÂNSIA

De ser feliz sem dúvidas, sem medos
Sem perdas do que já nem tenho
Ânsia, dor, solidão, espera em vão
Te vejo sem mim, lá distante
E sinto que nem sei se tive seu amor
Te sinto pouco, apenas em mim, não meu
Te vejo olhar na janela da ilusão e nada posso fazer
Porque lá eu nada alcanço

O amor em mim é sofrimento
Verdades mal entendidas, sonhos desfeitos
Mas além da perda do que nunca tive
Tem ânsia, verdades que nunca direi!

SUAVE

Suave final
Final de tudo e mais um pouco
Final de modos, jeitos, atos
E por que não, amores?
Suave solidão
Vida sem cores, sem alguém
Todos se foram, se voltam não sei
Suave é a vida
Sem pedir a esperar o teu chamar
A aceitar que nada é como quero
Suave é a dor que sinto só
Mas suave é não te olhar distante
A ser feliz sem mim
Suave é teu fim, Ano Velho
Que me deu tanto de si
Amei, odiei, sofri, alegrei, quis você
Te vi partir e eu aqui suave espero
Um Novo Ano surgir!

ME PERCO

Ontem vi você
Quem tu és, não sei

Eu já nem quero olhar pra trás
Mas te ver ainda dói
Quem é você?
Acho que os anos
Apagaram meu olhar
Me perco em tantas dúvidas
Como saber o que se passa
Em seu caráter?
Vejo tantas setas sem rumo
Horas de ternura
Horas de amargura
Mas sinto o que me faz sentir
Dor, desilusão, mistério
Tudo seria tão melhor
Se a verdade fosse dita
Assim vivo a olhar o futuro
De inseguras horas
Ou quem sabe
De doces momentos
Mas espero que você se apague
No tempo que passa
Feito fumaça
Sinto tanto ter meus sonhos
Em pedaços ao teu lado
No entanto, somos como sentimos
Sentimentos tão sem importância
Mas eles sendo a guiar nosso viver
Se triste por querer-te e não ter-te
Sentimentos maus
Se feliz ao realizar nossos desejos
Sentimentos bons
Olhar bom, falar bem

Sentir no outro o acolher
Agora o que fazer
Dos meus tão dolorosos sentimentos
E do teu fugir do meu querer?!

DESPEDIDA DE AMOR

Ela se foi junto com ela, vida
Ela que era minha doce alegria
Ele se foi como outros
Levou meu sonho, minha ilusão
Meu querer e meu porquê
Hoje sou ave
Que em espinhos voa
Pouso em penhascos
Mergulho em abismos
E lá no céu do meu querer
Ele, Jesus, a me olhar, a me julgar
A me aceitar com meus erros
Estes que criei para viver
Para não morrer
Para achar graça em você
Que passa por aqui
Onde ele já não mais está!

CADA LADO

Cada um, um pedaço
Cada qual, um pedido
Cada lado, um querer, um porquê

Um não sei onde achar
Cada ser, um sentido
Cada um, em seu mundo
Em teu silêncio
Em tuas vontades
Em tuas manias
Cada vida, um sentido
Uma busca, um pedido
Cada qual, em suas vontades
Em seus limites, em suas mágoas
Cada um foi apenas mais um
Um querer, um buscar
Um sonhar, um se entregar
Cada um foi um momento
Uma alegria, um sonho
Que eu apenas acordei!

FLOR EM ESPINHO

É tão dolorido e tão doce
É tão amargo e tão sem gosto
Sem porquê
Sem esperar, sem te ter
Sem teu abraço, sem tua presença
Sem teu alô, sem tua voz
Ele, quem diria que eu te queria
Que eu te amaria
E por ti derramaria meu corpo
Entregaria meu sonho
Ele, tão frágil, tão simples e tão forte
Eu tão arredia, tão sábia

Me dou sem saber quem és
Hoje é amor e dor
Dor de não saber quem é você
Se é pássaro ou fera
Se flor ou se espinho
Se me ama ou me odeia
Se sou tua ou fugirei
Se te amo ou se te preciso
Se sou mulher a doar
Ou se sou ferida a sangrar
Ele é hoje, meu doce e amargo momento
A saber como buscar me perdendo
A querer amar e a querer fugir
Fugir de ter você
Que pássaro quer voar
Flores a beijar
Árvores a pousar
Campos a correr
E eu mais uma vez te liberto
Te vejo tão distante
Entre vários a voar
A tantas bocas a beijar
E eu mais uma vez
Aqui a doer, a esperar
Que meu lindo e perfeito pássaro
Viva em mim a eternizar!

SETE CHAVES

O nosso amor vive
Debaixo de sete chaves

O meu amor por ti
Está guardado lá no fundo do meu ser
Ainda que passe tantos por mim
Este amor por ti guardado está
Debaixo de sete chaves
Ele é tudo que eu sou
E tudo que tu és em mim
Nada apagará nossos momentos
Tão curtos e tão intensos
Te descobri no meu olhar
No ver você em mim
No sentimento tão adolescente
Tão primário, tão simples
E tão sem amarras
Mas tão logo a vida chama
Este momento acaba
Todo este amor em mim que guardo
Está debaixo de sete chaves
Se fará perdido, e eu
Como Madalena à espera
Do meu Jesus estampado
Viverei a sonhar, a esperar
Ou quem sabe a aceitar
Que este mor só viverá
Na minha espiritualidade!

CAMINHOS

Estrada longa
Onde minhas pernas
Cansadas passaram

Onde meus sonhos sorriram
Onde você lá no final estava
Estrada reta, arbustos verdes
Cor da minha esperança
Tão igual ao meu viver
Lá no final, nada
Mas eu feliz
Assim a viver
Numa longa caminhada!

LELÉ

Você foi meu amorzinho
Meu louco mergulho
Teu jeito inconsequente
Teu querer tão sem rumo
Você foi em mim, ternura
Amor tolerante
Foi momento de entrega
De carinho, de beijinhos
No amanhecer tão claro
Como tua lembrança negra
Do teu amor por mim
Mas você foi meu amorzinho
Tive teu carinho
Te dei meu também
Como revanche de adolescente
Te vi em meus braços
E como caminhos são tantos
Você pegou seu atalho
E eu fiquei aqui
Sentada à beira do caminho!

MEU VAZIO

Estou passando os dias como já previra
Sim, estou sem algo, sem alguém, sem ninguém
E agora, o que posso fazer?
Voltar, jamais. Pra quê?
Pra sofrer, pra chorar
Pra ver meus sonhos no ar?
Não voltarei e Deus há de me amparar!
Todos os sonhos são agora realidade
Realidade que as máscaras não mostraram
Não há homens lindos e encantados como os pássaros
Não há anjos que não sejam do mal
Só existem máquinas que falham
Que emperram, que enferrujam
Portanto nem isto temos
Ou temos mergulhos no escuro
Onde cairemos, não sabemos
Hoje sou apenas dor e esperança
Na casa grande cobiçada
Caminho horas sozinha
Olho o passado e choro
Não sei o que é pior
Perdida ou voltar à estaca zero
Mas ainda espero
Que meu sonho de amor
Me ache acordada
Ou dormirei no meu vazio
Em busca de mais
Um sonho encantado
Achar de braços abertos
Jesus lá no céu
A me receber para um sonho real eterno!

ANJO ILUMINADO

Luz que me ilumina
Sol que me aquece
Deus que em mim desperta
Flor no olhar te olhar
Teu existir a me iluminar
Sou frágil como flor
E doce como favo de mel
Triste como a garça
Na beira do rio
Feliz com tua doçura
Luz no meu caminho
Força a me cobrir
Sonho é teu sentir
Dor é te afastar
Anjo és pra mim
No cantar feliz a servir
Na busca do espírito
Que em ti há
Santo Espírito, Espírito santo
Venha me iluminar
E como o sol nas asas que voam
Te vejo em minha vida passar!

LAR SEM AFAGO

Dores do que sou, do que não fui
Do que ainda serei, eu sei
Vago do espaço largo, do lar sem afago
Perdas ao longo da caminhada

Só e sem alguém do lado
Portanto, com tantos dentro
Tantos nãos se escutam os que buscam
Olhos no espaço imenso do universo
Pessoas e mais alguns, gente
São poucos a se entregarem
Mil ou mais sem sentido
Perdidos, sós e felizes quem sabe
Eu e outras, banidas como
Ninhada de fêmeas cadelas
No cio, quem sabe
Procuradas e cobertas por cães
Cães sim, são homens sem coração
Como tais em seus canis
Latem por suas senhoras
Dores de poucos amores
De solidão, de rejeição!

GUERREIRA

Meu corpo é como as terras do Iraque
Aminha alma como as lágrimas
Da mãe que chora entre os escombros
Os meus dias cheios de desprezo
Daqueles contrários ao meu ver
A minha alegria é como a fina fonte
Que brota nas pedras a buscar o mar
Sou como país em guerra de suas ideias
Destruindo-me a cada batalha
Vejo as minhas ruínas
E as cinzas renascem

Esperança mora em mim
Há vida em cada final, assim espero
Vitória anseio alcançar
Antes que a vida me falte
Sou como país que sonha ser
Apenas ser pequeno e dono de seus ideais
Assim tão desigual se refaz a cada perda
Quem sabe desejoso transforma a cada dia
Ao se desmoronar
Depois da total batalha nada mais a fazer
A não ser recomeçar tudo de novo agora
Novas ideias terão de surgir
Os erros serão a cada dia lição
Como ninguém é igual viverei como sou
A aceitar tudo sem medo de ser feliz!

MÃE

Com ela aprendi a ternura
Com ela aprendi a ser triste
Com ela aprendi a buscar
Com ela aprendi a não querer e a fugir
Com ela fiz a vida difícil se tornar fácil
Junto dela ganho e perco
No conflito do passado explicações surgem
Nasci pura, cresci e me tornei adaptada
Assim viverei!

ESPERANÇAS VÃS

Ferida aberta que sangra

No tirar da pele meu lado afetivo
Mexido foi ao ver a falta que ele me fez
Foi como um arrancar de pele
Que era meu agasalho
E hoje em carne dói
A dor que um dia senti
Adormecera de esperanças vãs
Cansada saio a ver que não agrado
Paro e penso, desisto cansada
E só vivencio meu maior dilema
Cartas na mesa
Tudo claro como o sol
Como o despir de minhas cobertas
Encaro o frio que já senti
Ferida aberta que dói agora
Vejo a exata forma de minhas entranhas
Choro até passar a dor desta minha realidade
Assim como o tecido se refaz
Acharei a cura desta dor
Sem que haja pseudo amores
Já que eu feita desta forma
Penso que há em mim
Defesas e formas de cura
Hoje sou apenas resto do que não me deram
E na medida do tempo preciso serei refeita
Espero que sem nenhuma cicatriz.

QUAL DE TODOS

Hoje, eu e ele ou eles ou sem ninguém
Talvez amanhã com alguém

Sem saber qual a mim tem
Quem é você que nem me vê
Que vai e volta, que foge ao me ver
Me abraça ao me perder?
Qual de todos tenho eu
Você que é meu bom momento
Ou vazio em tormento?
Vivo eu seu pouco caso
Seu amor em horas de descaso
Seu olhar que às vezes tenho
Ou nem sempre olha os meus?
Hoje, amanhã
É o mesmo que meu ontem sem você
Horas te tenho, horas não sei
Por que foges do meu querer?!

ENGANOS JAMAIS

Eu amo este ser que diz não
Que num rosto frio diz: pare
Amo seu jeito sem jeito
De me dizer: amo você
Amo seu olhar vago
Sua firmeza sem fraqueza
Amo você não me amar, não me quer
Eu amo você sem melados
Sem doces mãos a me tocar
Amo não ser tua por mentiras
Amo te ver sair e voltar
Amo saber que ali estás
Amo saber que nada me dá

Mas enganos jamais
Amo saber que este seu equilíbrio
Me faz forte, me faz capaz de ser só
De não chorar num adeus
De dizer sim, ou às vezes saber dizer não!

MOMENTO PRECISO

Brasas ardentes
Que exalam o fogo
É dentro de mim
O que vivo agora
Tempo de acerto de contas
De claras verdades
De máscaras caídas
De falsos amores
De sinais esclarecidos
De loucuras momentâneas
De vícios governando
Dores de entranhas
Da espera vã
Lá vai a minha vida
E suas tantas amarguras
Entrego a outra
Minha coroa de espinho
Que ao ser tirada
Esvai-se o sangue
Dor que se preciso for
Ainda que eu fuja, viva
Pois que ainda
A raiz profunda

Ao inferno vai
Longa será
A copa da árvore
Hoje, plantinha pisada
Sou a crescer pro alto
E baixo do chão
Tua bênção peço, Deus!

FRASE, VIDA E RISCOS

Assim seguem as letras
Que traçam destino
No risco da imperfeição
No sobe desce
Vão formando as frases confusas
De uma vida mal vivida
No despertar da realidade
Matando o sonho
De alguém perdido
Assim seguem as letras
De uma vida
Vida em espera
No sobe e desce
De uma escada
Na busca de uma
Nova forma de ser feliz
Quem foi que disse
Que tudo acabou
Se as letras fazem contos de fada?
A vida perdida
Achou seu caminho no espaço

Porque a lei é seguir em frente

Tudo foi feito assim
Os contos traçados
As noites mal dormidas
A dor do amor perdido
Ficou agora escrito lá atrás
E segue a vida
Como o risco de uma frase
Os erros serão corrigidos
E não apagados
Que é pra lembrar
Que sou gente
Gente capaz de chorar
De traçar meu caminho
Desconhecido de tantos
Mas só meu
Como as dores
Que eu já sofri
E você não viu
Assim sigo eu
No rabisco de uma frase
Serei feliz amanhã!

REVEJO CONCEITOS

Outros caminhos agora vejo
Revejo conceitos velhos e fracassados
Portanto vejo que meus desejos
São apenas eu que vejo
Nada sei do que não pude tirar de alguém

Revejo meus velhos conceitos
Atitudes são reformuladas
Cresço olhando os resultados
Dariam certo se fossem bons
Cansei, nada quero se não for meu bem
Vejo, revejo meus tantos anos
A buscar a mesma dor
Descubro a menina que meu pai criou
Então vejo, com meu coração que pensa
Pensa o que é certo
Coração não mora só no peito
Mas sim, nas formas do meu desejo
Vejo que sou mulher que ama!

AMOR PERFEITO

Amor santo, amor eterno
Amor de sonho, amor de bênção
Amor perfeito
No olhar nasceu, na bondade viveu
E no adeus sofreu
Como em brisa leve no rosto
Se encontram meus olhos nos teus
Meu sorriso na face
Teus olhos fixos nos meus
Me diga sem palavras
Onde vais?
Na pressa caminhava
Frente ao meu jeito quieto
Como se fosse uma ventania
Sobre a árvore presa
Como o pássaro querendo

Achar seu repouso
Amor inquieto, amor perfeito
Alegria, ternura, mansidão
Paz e o céu
Te ver é o tormento
Te esquecer agora
É sonho e lembrança
Até que as circunstâncias digam: vá
Até isso vir, serei amor de lágrima
De espera, de dor!

TER QUERIDO

Te quero coisas, te quero pessoas
Te quero coisas e pessoas dentro
Coisas que pessoas querem, precisam
Sem pessoas para que coisas?
Com coisas sem pessoas para que tê-las?
Te quero paz, música, silêncio, ruídos
Ruídos de gente, de vida, de acontecimentos
Quero também teu silêncio
Ausência de dor, de tormento
Também de gritos, de caras amarradas
Te desejo alegria, sorrisos
Palavras brandas, olhares
Jeitos que se parecem com os meus
Não te desejo morte, distância
Perdas, caras tristes, silêncio absoluto
Ódio ao me verem
Quero tudo: vida, alegria,
Sonhos coloridos!

PEDES

Te dou o que me pedes
Te amo como me olhas
Te desejo assim que me queres
Se te afastas de mim, corro
Fujo, choro e aguardo teu sim
Mesmo sabendo qual é nosso fim
Te dou o que me pedes
Se amor, amo-te
Se lágrimas, lenços
Se sorrisos, afagos
Te darei então como espelho refletido
Meu coração, minhas lágrimas, meus sorrisos
Minhas fugas, meus medos
Ou até meu sim ou meu não!

ESQUECIDA DE MIM

A vida lá fora chamou-me atenção
Pra vida que eu não via em mim
A vida lá fora fica do lado de fora de mim
Enquanto te olho e te quero, não me quero
Sou um corpo sem alma
A vagar guiado pelos olhos presos
No espaço de um mundo
Feito parque de diversão
Enfeites, luzes, cores, flores
Que já não exalam perfume
E eu que te sigo vida perdida
À procura do que só há dentro de mim

Ruas largas e infinitas
Casas, barracos e castelos
Com flores nos jardins
Caixotes nos viadutos
Tampam o vento que rouba o sono
De quem só quer viver
Velhos frágeis a esmolar
Sentados nas calçadas
Loucos se perdem ao acordar
Para a realidade de sua existência
E eu a olhar a vida sem vida
Que busco sentir
Paro, olho lá fora
E vejo que não me vi
Volto em busca da vida feliz
Que só acho dentro de mim!

MEU MUNDO EXTERNO

Meu mundo externo vive dentro de mim
Tive que senti-lo, precisei corrigi-lo
Tive até que ser maior que ele
Para viver dentro dele
Precisei ser quase sábia
Diante deste desafio
Porque era ele ou eu
Se eu me amava
Ele me ignorava
Com pequenas setas cobrava
O que eu não brilhava pra ele
Enquanto isto, eu o estudava

Só queria o que não me dava
E de pedaços amargos restaram
A força que ele me deu!

PROCURA

Aqui sem nada a seguir
Eu me vejo tão esquecida de mim
E de você que se perdeu no escuro da palavra nós
Eu te procuro porque te quero em mim
Alimentando os meus dias tristes
Transformando em verso o meu viver
Eu que te achei em mim depois de um temporal
Você me trazendo a razão expliquei ao mundo
A dor de todos nós com as frases de tua rima
Me encontrei com você sem pedir
Não me deixes agora
Me sinto à espera da explosão de uma emoção
Pra encontrar você
A única felicidade tão sonhada
Tão esperada e só reprovada
No entanto, tudo se tornou você poesia
A que me fará companhia
Nos dias de minha amarga monotonia
Que será a minha última companheira
Quando todos se fartarem de mim
Quando nada mais sobrar da minha realidade
Você será a mãe, o amor, o afago
Para todos que precisarem da gota final
De um sentido de vida
Aos oprimidos da injusta existência

Será a voz que fará sair
Por tudo ou nada te procuramos
Fazendo o sentido da arte de viver
O mais simples e belo
Do fraco ao capaz!

PRECE

É, meu Pai...
Não, não deixa eu me perder nesta confusão
Mostra-me a luz, o caminho que às vezes eu perco
Eu não sei o que a vida vai trazer pra mim
Fico à espera do que procuro
Luto contra o mal que alguém
Vai me trazer num sorriso
Ou numa pedra a me atingir
Não deixa eu me perder, meu Pai
Eu sei que você sabe o que é melhor pra mim
Me ensina a caminhar
Me faça maior que o meu desejo
Porque eu não vejo erro quando quero amar
Eu sei, meu Pai, que a sua mão
Me segura quando vou cair
Não sei te dizer quem és
Só sei que além de mim
Existe alguém a me guiar
Sou uma, sou dez, mas preciso de luz
E é você quem vai me iluminar
E as tristezas, as faltas serão apenas lições
Eu cresço, eu fortaleço
Porque bem que eu podia ser feliz, ter tudo

Mas não seria tão cheia da tua luz
Meu Pai!

LONGA ESPERA

Me dê aquele amor
Que é o teu retrato
Me fale como ele falou
Me alcance como um beija-flor
Me dê a esperança
De um dia te encontrar
Me fale em espírito
Como poder te encontrar
Como um vento sopra no ar
O meu carinho solto está
A esperar sua santa cruz
Na minha triste estrada a passar
Te quero por ser santo
Iluminado como farol
Mas sei que para sempre
Terei apenas aquele
Que em ti eu encontrei
Me dê aquele olhar
Nem por momento eu sonhei
Pois que a eternidade te fez
Existir e alegrar meu ser!

SONHO DO AMOR

Ai, porque dói tão fundo

Que meu corpo desvanece
Há quanta insegurança por tão pouco
Que vício louco e inexplicável
É querer algo que nem por isso dá prazer
Tudo isso é o sonho do amor
Que parte de um sonho criado no pensar constante
O amor acaba sempre por mesmos motivos
Incapacidade de senti-lo
E a busca constante desde desejo persiste em nós
O amor dos homens sofridos
É confuso, triste e ingrato
E o amor dos puros e amados é calmaria e paz
O que é o amor, senão o sentimento medido
Tal como quem o sente
Amar teria que ser apenas o dom
dos que sabem o sentido deste tão especial momento!

BUSCA ETERNA

Eu busco Deus no rádio
E também na fala do pregador
Eu quero a paz que ele dá
Mas vejo a paz no prazer
Eu busco Deus nas horas de dor
Onde está este pedaço de mim?
Tento imaginar o céu e os anjos
Quero senti-los
Mas vejo os anjos no meu sorriso
Ao ver aquela criança de rua, sofrida
Vejo Deus no meu coração
Cheio de amor sem ter pra quem dar

Eu vejo deus nas forças que encontro
Ao ser testada no não da vida
Mas eu procuro Deus
Que embriaga o ser de tantos
Cadê você que eu quero tanto?
Me faça Deus te amar
Como amo aqueles perdidos
Ingratos e ausentes a vida inteira
Assim é feito o bicho homem
Ou se adapta ou não sobrevive
Confiante sigo no meu medo de ser
Graças dou ao tempo que passa para todos
Ne um segundo sequer é igual
E espero mudanças
De repente tudo pode ser engano
Do um coração aflito
Todo amor existe
Só a forma de lidar de cada ser é única
Mas por hora a dor começa
No pensar constante
E termina no dia em que me disser
Te quero ou até breve!

MÁGOA

O que é isso?
Eu olho o chão riscado que brilha
E os móveis limpos
A casa cheira bem
A comida na geladeira convida
Minha boca apetece

E meu espírito angustiado
Só olha o amanhã
O que há dentro do homem
A não ser mágoas?
Os gritos desprezíveis se apagam
E a dor persiste frustrada
Me vejo desde a infância
A casa velha de assoalho esburacado
Era tão vazia
Seus quartos cheiravam poeira
E as noites já eram de solidão
Os dez meninos choravam de noite
E sonhavam de dia
Com tudo que era belo
E não tinham
O que é isso?
Tanta vontade de ir embora
A chuva cai espaçada
E molha a roupa no varal
E a igreja prepara seus instrumentos
Para minha pequena e única ilusão
Eu ainda estou aqui
A espera do amanhã feliz
E meu pobre irmão, onde jaz?
Eternidade é meu sofrer
Serei culpada de não ser
O que desejam de mim?
O que é isso?
Vejo tudo e quero algo mais além
Eu, como todo vivente ingrato
Reclamo de barriga cheia

E coração vazio
Só quero amar
E viver um dia após o outro
Entre derrotas e vitórias
E saber sentir a vida
Sem mágoa!

INSTANTE

O som que ouço tão lindo
É tão somente a vida que fala
Tudo que pude ser
Como a balada de anjo
Que não se curva
Penetra em mim
O som do instante
Que não posso voar
Voa meu desejo perdido
E sigo como peregrina do amor
O som que ouço tão suave
Fala comigo de alguém
Que sentiu o que vivo
Vivo, sonho, quero e espero
O desabrochar do grande amor
O som é agora por instantes
O amor existindo em mim
Nada irá me obnubilar
O espírito cheio de esperança
Que mora em mim!

ASSIM SEREI

Eu sei que tudo que sei
Carregarei como fardo pesado
É por saber o que sei
É que vivo só
É por sentir o que sinto
Sou única
É este o destino do poeta
Existir dentro da dor
Das pequenas vitórias tão imensas
Nos anseios de quem sabe dar valor
É só pra isso que vim assim
Mas não me cansarei de ser grata
Quando consigo me ver além de mim
É pra isso que eu, você e todos iguais viemos
Chorar, rir, amar
Ver tudo tão claro não é fácil
No entanto, é essa a nossa fonte
Eu vim para isto, eu sei
E vou morrer chorando
Porque nasci pra ser feliz
Mas só o serei se eu acreditar
Que vim pra me amar assim!

MISTÉRIO

O mistério e o medo
São as amarras da imaginação
O desconhecido é o emaranhado do novelo
Onde está o fio da meada?

O mistério é estar no meio do desconhecido
O homem cria seu dia na roda viva da vida
Inventa, experimenta, erra, tenta acertar
O homem caminha abrindo clareiras
Mundo, selva rebelde de feras famintas
A achar o jeito, o abrigo, a água, o vento
E o doce da fruta é luta, é ir buscar
O mistério é o medo, pés amarrados
É a voz a dizer: Você não pode saber
Conhecer é o fio da meada
São os medos emaranhados, o aprendizado
O poder é o vencer
É mergulhar dentro de si mesmo
E da ignorância tirar o néctar da simplicidade
Poder olhar o mundo de cada ser como o rei
Capaz de chegar no pico do mundo
Do seu mundo desatar as amarras
Pisar na terra pedregosa ou voar
O mistério é o não saber ir!

NÓ NA GARGANTA

Dor funda, tão profunda
Nó na garganta, talvez mágoa
E um fio de ódio
Talvez dor de rejeição
Amor que aos porcos jogo
Sempre foi assim
A jogar meu jeito amoroso fora
Quero ser liberta desse nó
Que a vida me fez dar na garganta

Se um dia o presente de Deus vier
Quero estar de pé para quem me abrir os braços
Já nem sei se vale a pena
De tanto levar minha dor
Só estou aprendendo
A deixar o que sou
Guardado dentro de mim.
Penso chegar o tempo da minha secura
Meus frutos já caídos
Nem semente darão
Quero muito um dia
Não ser puro amor
Mas vejo que existe
Só o meu para dar
Anjos do céu, vêm pra mim
Defeito, manso e merecedor
Guardo pra sempre o que aprendi
Ao te dar beijos nos olhares
Ainda que você me traia
Com um longo sorriso!

ABSURDOS

Gosto de pessoas absurdas
E pessoas absurdas gostam de mim
Mas como absurdos não existem
Fico sempre só
Se procuro os ditos normais
Sendo eu diferente
Não há sintonia entre nós
E eles também me deixam só

Nas minhas aventuras
Passo sempre por esperas inúteis,
No entanto. são únicos instantes
De um perfeito amor
Então concluí, que melhor que isto
Deixa de ser felicidade e passa a ser
Um frio e constante óbito!

ATÉ BREVE

Sai Maria e chega ilusão
Sai coragem e chega o final
Final do caminho percorrido
Da dor, do tormento e dos erros
Erros que a vida permite
Sai Maria e chega Hélio
Hélio menino em corpo de velho
Helho, velho de sofrimento
Sai agora a amargura e o pranto que rola
Fica viúva a mulher companheira
Momentos foram os contrários
E doces agrados constantes
Hélio, irmão ilusão
Alô que horas duravam
Te conheci fugindo da dor
E seu último olhar sem palavras
Eu posso dizer por você:
"Te amei, Noêmia, até no meu silêncio
Que teimoso em ser feliz
E minha morte só foi aqui
Pois lá vou viver para sempre a te amar

E as minhas irmãs ajudo com exemplo
De que vale a pena sonhar
No fogão e nas paredes pintadas de ilusão
Fui feliz como eu quis
Ainda que breve a vida me sorriu
Guardo para mim a alegria
De ter passado 52 anos por aqui!"

ATALAIA

Sou, assim ele me enviou
O anjo dito louco
Atalaia sou, e mais algo a saber
Pecados hoje, chamados amor
Amor o que será, se Atalaia sou?
Assim disse ele que veio como um anjo
 A me dizer: não peques e ímpio serás
Atalaia amores, olhares, beijos e abraços
O que será de mim?
Mas ele lá do céu me vê
E ainda que um louco manda dizer
Que Atalaia sou, como nem isto sei
Fico a esperar o meu melhor
Dado pelo Pai que do céu
Comanda meu destino
Se Atalaia sou
Então Deus, me faça maior
Que o meu desejo!

FARDO

Só eu sei as dores que vivo

Somente o fundo que alcanço entende
A vida é clara e dura
E nos lugares as coisas permanecem
Como haverá de ser
Só eu e as tantas mágoas que guardo
Jamais agrados faço
Na luz da claridade
Ando como uma peregrina pérfida
Quantas diferenças espirituais quero entender
Porque não sei agradar-te
Só as duras marcas me pedem pra ver
Ah, como entendo as dores de alguém
Mas nada posso esperar de quem quer que seja
Somente na oração se acha o conforto que precisa
Pois sabes que aqui só há desenganos
Pois que a caminhada é dura
E impossível de libertação
Só tu e o Pai do céu em tua mão segura
Vá em dias de infinita compreensão
A orar por aqueles que te atormentam
Nada peças a não ser ao teu doce e puro espírito!

ESPERANÇA VÃ

Sentada no banco da praça
Com braços jogados de lado
Cansaço nos olhos, desânimo
Por que, se a cor se acha mais forte
Na flor que abre no campo
Na dor quando fui mulher que ama?
Por que, se tantos vagam perdidos

No doce pensar de um desejo
Se almejo a boca dar-te
E aos meus lábios anseia?
Por que, se a mão te estendo ao abraço
Se o meu querer se embriaga ao ver-te de longe?
É para mim? Que assim seja como se o rio corresse
Onde seu destino se acha
E eu na esperança vã de que algo me tome
Me leve ao que me alegra
E me ache como a flor mais bela
Pra que, se tudo o tempo desmancha?
Sonhos se tornam realidade
Esta, que é para todos
Dormir e acordar sem aquele
Que é como um rio de águas mansas?

CORAÇÃO ABERTO

Ah, coração aberto
Choro ao ver-te tão só
Quero abrigar-te em meu seio
Ainda que sejamos um só
Chora e ri das tantas mágoas
Como um palhaço alegre em dias difíceis
Ah, coração que sofre
Até quem sabe dormir
Se é assim o teu destino
Por que hei de perder-me agora?
São tantas as dores que passas
No entanto vives por mim
Se foi feito forte nas batalhas

Por que chora tão triste assim?
Sabes coração, um dia vou dar seu adeus
Mas hoje eu posso dizer-te
Somos nós dois, únicos companheiros
Acabo de descobrir-te em meu peito
Junto de mim sempre será
Como alguém que nunca foi visto
Te tratei tão mal a vida toda
Sem poder entender que te fiz sofrer
Ao outro me entreguei sem te pedir
E tu só a mim soube entregar-se
Ah, como te dei a quem só te abandonou
Sem saber que fui eu quem mais lhe fiz sofrer!

SONHO É TEU AMOR

Sonho é teu amor
Nas tardes e nas madrugadas
Nos olhos fixos tão esverdeados
Nas tantas distâncias nasce
Sonho é meu corpo junto ao seu
Tão unido quanto um só
Teus braços me dando teu sim
Teus medos chegando ao fim
Sonho te amar como sonho amar a mim
Pois que somos dois em um só
Teus atos, tua timidez
Teus olhares, tuas amarras
Oh, vida tão cruel és!
E nós prisioneiros somos
De quem jamais daria

Seu querer por nós
Só viveremos o que sonhamos
Quando esquecermos aos
Que nos aprisionam!

PARA TI

Fonte que jorra, amor que nasce
Flor que perfuma, doces momentos
Luz que brilha, sol que aquece
Dor que passa, força que és
Assim nasces, somente doar-se
Dentro do peito, leite de mãe
Fora do outro, apenas fome
Mãe, tu és de quem te busca
Mulher serás de quem te quer
Buscas um Cristo e achas um pecador
Este sim, precisa de acolher-te e amar-te
Mas quem tu amas se não a ti?
Flor de amor minha serás
Em ti estou como um triste sonhador
Que ao partir deixou seu grande
E infinito sonho de amor
Digo, pois, vá a luz que é
O grande e único amor em ti
E creia, este há em todo ser
Como gota de orvalho
Entre penhascos secos
Mas como um multiplicador de si
Basta tocá-lo e se achará todo em ti
Gotas de luz, fonte de amor

Assim tu és e eu a ti me entrego
Pai querido, meu único e verdadeiro
Sonho de amor, Jesus!

EU CREIO

Apenas e tão somente em Jesus
Ele que foi um ser iluminado
Que até hoje é lembrado
Deus, eu quero crer na sua existência
Mas às vezes chego à conclusão
De que Deus é:
"A perfeição que buscamos dentro de nós
Nos momentos de dor e sofrimento!"

SERÁ

Será que eu te amo?
Ou será que teu querer
Me chama a te amar?
Será que de medo
Dos teus olhos verdes
Profundos e medrosos
Eu me recolhi ao frio coração?
Será que sou pura paixão
Ou apenas solidão?
Será que adolescente apaixonada
Só ela sabe amar?

APENAS DOR

Apenas dor, sim, de amor
Amor frustrado, amor magoado
Agora sim, quietude
Águia no penhasco
Amanhã livre a voar
Agora, depois, amanhã
Quem sabe outra vez amarei?
Amargarei o abrir dos olhos meus
O sentir que era teu
Hoje sei que o amor
É também solidão, desilusão
Alegria que passa tão depressa
Como um raio de luz
A noite é certa no prazer
É deserta no teu adeus
É dormir sem teus braços nos meus
E ver o dia chegar e te olhar
Sair pelo caminho que era
Apenas e tão somente meu!

DESPEDIDA DE AMOR

Ele se foi junto a ela, felicidade
Ela que era minha doce alegria
Ele se foi como outros
Levou meu sonho, minha ilusão
Meu querer e meu porquê
Hoje sou ave que em espinhos voo
Pouso em penhascos

Mergulho em abismos
E lá no céu do meu querer
Ele, Jesus a me olhar, a me julgar
A me aceitar com meus erros
Estes que criei para viver
Para não morrer
Para não achar graça em você
Que passa por aqui
Onde Ele, Jesus
Já não mais está!

SEGREDO

Fale pra mim o que sou pra você
Diga sem medo que seu desejo
Não é meu devaneio
O que faço para te esquecer?
Sei que a distância é meu castigo
Por que fui me apaixonar?
Fale assim, diz que me quer
E eu serei feliz
Os sonhos também são parte do amor
Que faço eu sem esperança?
Quero acordar e pensar em você, no seu olhar
Por que foge de mim se os seus olhos dizem sim?
Olha pra mim e diz que me vê como mulher
Ainda que a distância diga não
Eu peço que me dê sua boca
Eu estou louca pra beijar
Até quem sabe um dia
Juntos vamos com Deus caminhar!

SOFIA

Apenas hoje te imagino
Mas já te amo!
Sofia, minha semente
Menina ela, menina sonho
Menina que eu espero!
No ventre de uma varoa
Que ele, Deus pai, me enviou
No pedido de oração, Sofia
Anjo agora, mulher amanhã, depois!
Não sei se te verei crescer
Mas sei que irá ser parte de mim
Não quero te ver sofrer
Disse Jesus no meu coração:
Você é e será uma abençoada
Ativa, sonhadora, esperta!
No entanto, teus dias
Menos duros que os meus
Te amo sem te ver
Te espero de braços abertos
Te dou minha alegria
Em cada dia que eu viver!
Chegue logo, minha pequena
Que eu, seu pai, sua mãe
Estamos esperando você!

EM TUAS MÃOS

Hoje lá eu estou em tuas mãos
Em teu medo, em tua surpresa

Hoje eu em linhas, em falas brandas
Em dores passadas, em mágoas guardadas
Hoje, em tuas mãos
Eu corro teu passado, teu sentimento
Mas não sei se eu hoje te tenho
Se te amo, se sou teu sonho
Ou se passei como um vento
Que soprou tua janela
Hoje lá você anjo, eu mulher
Aqui a lembrar de um despertar de sonho!

AQUI

É hoje, e amanhã? Não sei
Sei que hoje sou flor do amor
Depois quem sabe, dor?
Dor de adeus, dor de perda
Dor de sonho, de desilusão
Mas hoje sou flor
Flor que se alegra ao sol
Se ilumina com a chuva
Se derrama nas mãos
E chora de tão bela
Hoje sou momento bom, doce pareço
Então cresço em tuas mãos
Brilho em teu caminho
Estendo a ti minha mão
Amanhã não sei se flor serei
Se me derramarei, se brilharei no teu caminho
Se lágrimas chorarei de tão bela
Mas hoje sou agora

Sou pura vida, puro querer
Mesmo sem saber do amanhã
Que talvez quem sabe chorarei
Ou então nos teus braços dormirei?!

HOJE

Eu aqui, feliz?
Sim, talvez, quem sabe?
Hoje eu sou a que te entrego meu tesouro
Minha fé, minhas lágrimas, meu olhar!
Hoje sim, corajosa sou, me fazendo menos só
E hoje, vivo aquilo que sempre quis, ser feliz
Ai de mim, eu sei, mas hoje sou tua
Sou de quem me amar
Eu hoje, sou mulher, apenas mulher a te esperar
Teu jeito tão sem jeito eu estudo e aceito
Teus modos tão complexos se misturam
Nos meus incompletos
E eu hoje, aqui agora, aceito que o amor tem várias formas
A vida sim, é quem contorna nossos sonhos e desejos
Nossos medos e coragem e eu mais você aqui hoje, amanhã não sei
Só sei que tão suave como brisa é teu surgir
Tão linda pele morena é tua face, tua jovem aparência
Sim, sei que é meu mais incerto momento
De te amar!

PRÓXIMO MINUTO

A tempestade está caindo

E eu tremo de frio e medo
Sozinha em meio ao temporal
Espero tudo passar
E ver o que restou depois de tudo
Parada fico aguardando
O próximo minuto
Será de ilusão?
Ou tudo ainda não acabou
Olho em volta e vejo
Pessoas a me segurar
Meu corpo agitado
Prepara para fugir de tanta pressão
A tempestade sai da boca
Dos que têm medo de me perder
E eu só estou
Como explicar tamanha confusão?
Tudo porque eu quis ser feliz
Onde andará quem eu tanto amo agora?
Mais tarde o desespero fará
Com que ele me procure
Cheia de esperança perdoa e descansa
Tudo inútil
É só mais um alarme falso
Até quando vou permanecer nessa expectativa?
Enquanto espero a chuva passar por instantes
E eu procuro enxugar meus trapos
É tempo de chuva, eu sei
Muita coisa vai ser destruída
Vidas serão ceifadas, lágrimas derramadas
E eu olho da janela de vez em quando
A tempestade parece atingir a cidade inteira
E eu só quero reconstruir minha insignificante vida!

HORAS

Horas que não quero
Horas que não desejo
Mas horas que me vêm
Como um sopro
No rosto de alguém
Horas que de tanto pranto
Banhei meu rosto e
Meu corpo também
No desgosto me vi
No rosto de alguém
Mas horas são apenas horas
Minutos após segundos
E medos que horas têm
No amanhã eu olho a distância
De amores que horas tenho
E outras horas ninguém
O que seria de nós
Sem as benditas badaladas
Que marcam o tempo
Que lá atrás ficou
E corre a vida de horas e horas
Horas tristes, horas felizes
Basta saber o que é desejo
Saber ou ser? Sendo, me darei
Fazendo, te darei
Nas horas que me permite
O amor comigo irá
Até quem sabe quando
Numa fatídica emoção

Que eu espero não ser
De um abraço
A hora de partir avisa:
Hora antes não é hora
Hora depois passou da hora
A hora é agora!

SILÊNCIO

Hoje eu te busquei
Mais uma vez
Não te encontrei
É o fim...
Hoje quase num lampejo
Aconteceu do sonho
Se tornar real
Hoje me vi tão perto
Tão junto e tão longe
Mais longe que os quilômetros
Foi teu não, foi teu silêncio
Foi tua ordem, foi meu alô perdido
Foi meu ligar sem chamar
Foi minha esperança
Partida no ar
Hoje terminei meu raciocínio
Pude ver teu caminho tão longe
Tua vontade tão o escuro
Tuas asas tão presas
Hoje meu peito sangra no adeus
Que Jesus não quis me dizer
Apena deixou que o acaso

Me dissesse basta
Chega de se machucar
De pedir em vão
De voar sem céu
De amar o não!

DOR

Dor de abandono
É dor que guardada está
Dor de abandono
Estampada no olhar
No medo de se entregar
Na couraça de cada ser que reza, está
Encolhida em cada gesto solitário
Dor sem falar, sem pedir, sem choro
Até que no silêncio de um solitário diz
Você está só, só sempre esteve, só estará
Paz que no dia que nasceu
Teu querer estendestes os braços
Em vão em muitos nãos
Hoje, endurecida de amores vãos
Sedutora será no meu caminho do escape
Então vejo que assim
É meu jeito certo de amar você
Até que no lampejo do meu querer
Surja alguém como meu mestre Jesus
De braços abertos, de olhar santo
De gesto brando a me dizer
Vem que estou a lhe esperar!

LOUCURA

Acho que sou louca
Pois amo uma voz
Namoro uma melodia
Crio sonhos vãos
Mas ontem te vi a me olhar
Quase caí de surpresa,
Porque eram tão lindos
Teus olhos pequenos e medrosos
Que para não sofrer mais, fugi.

ASSIM

Assim como sou, estou triste
No meu fracasso, na minha frustração
Assim como nasci, senti, viajo
Se de amores vãos, fujo
Se de olhares vagos, mágoa guardo
Porém assim sou, assim estou, assim serei
Até que meu céu me abrace
Meu chão se firme
Meus pés te achem
No seu olhar santo, me vi
No seu desejo contido, senti
No meu vazio de amor, me dei
Me fiz amada, me fiz feliz
Passei até você, corri até te ver
Sonhei até te achar
Falei até você calar
Assim como sou, me dou

De formas e olhares
De sonhos e realidades
De palavras mortas ao vento
De medos e dúvidas e nãos
Me perco no meu desejo de amar
Me jogo até teu não
Já não sei se amo, ou se sonho amar
Já não sei se te invejo
Ou te guardo no fundo meu querer
Mas sei que ódio é bálsamo
De corações rejeitados
Assim sou eu, serei eterna
A buscar, a sonhar, a esperar
Como uma folha a voar solta
Feito papel em ventania
Passei até tua mão
Sem entender se sou solta
Ou se não te alcancei!

RETORNA DOR

Lá se foi meu amor, aquele do sonho
Que chegou sem dizer: Posso?
No encontro simples de um olhar ríspido
Sem grandes expectativas se faz descobertas profundas
Dá-se lugar ao sentimento da identificação
Tudo mostra engano
As duras palavras soam como chicote na carne
Mas volto como cão humilde à espera da migalha de amor
Torno eu necessária e chamada no apelo sou
Iludindo o peito meu

Assim como o pássaro preto que por mim passou
No último adeus via claro este fim todo dia
Mas que bom era ouvir a música quente de paixão
Tão direcionada ao meu desejo
Me vejo cheia de esperança mais uma vez
Que pena ter me iludido
Mas só assim conheço a felicidade
Dentro do meu coração havia certezas do adeus
No entanto sugava eu o resto daquele momento
Sem pensar na dor final, esta que agora dói em mim
Sem amor, sem valor, sem ser a mãe amada
Sem ser mulher querida sigo os dias vindouros com meu Deus!

IMPASSE

Se saio, sofro
Se fico, peno
Se paro, morro
Se quero, vivo
Se não, choro
Se gosto, sinto
Se odeio, sangro
Se vou, arrisco
Se penso, desisto
Se nisso vivo
Vegeto, respiro só
No voo, penso
No andar, canso
Cantando, vibro
Amando, sigo
Rezando, espero

Mansa e branda
Vida faço sendo doce
Amargas horas descarto
Espero passar momentos
De dores sem descanso
Se angústias passo
No doce viver se paga
O preço de um prazer
Assim, montanhas escalo
Nos pés carrego marcas
Deixo pra trás pegadas
Lembranças que areia apaga
Caminho que percorro é a vida
No saber apenas faço desta vida
Minha grande e completa forma de ser.

DORES E AMORES

Momentos vazios, momentos felizes
Momentos de alegria, momentos sem isto
Horas de dores, outras de amores
Passo e vejo teu jeito
Teu sorriso, teus modos
E tua forma de andar
Aí vejo que horas mudam
Outras ficam como são
Sendo que tudo apenas momentos
E não há como controlar o não
Apenas sentir e deixar acontecer
E outros momentos viviam
Sem tua presença pra olhar

Sem tua lembrança amargar
E horas que não controlo
São horas em vão
Aquelas que nossas vidas nos trarão
Quem sabe numa virada na esquina
Ou no lampejo de um sedutor olhar
No acordar ao teu lado
Ou no triste silêncio da madrugada
Momentos são parte da nossa viagem
Aqui nesta existência!

QUALQUER COISA

Se eu disser agora, amo, serei frágil
Se eu disser odeio, serei cruel
Se eu disser quero, serei triste
Se eu disser vá, serei firme
Porém só
Qualquer que seja minha atitude agora
Sou vulnerável
Quando saio de minha vida
Acho apenas desencantos
Mas prossigo
Qualquer coisa agora é caminho
No encontro com Deus
Sinto que o caminho é Deus
No fim, por mais que se duvide
Só existe em nós este último abrigo
Que vindo sei lá de onde, me acalma
Tenho certeza, Ele existe
Pois que no meu calvário de nãos

O encontro sim
Só ele agora, perto, tão perto está
Como um vento suave que sopra
Passa deixando pra trás a paz
O tempo, os momentos maus e os bons
Que nele encontrarei
Qualquer coisa agora
É dor de espinho
Porque não entendi
Se tudo é a busca do bem querer
Alguns nascem para sofrer por este
Outros fazem sofrer de tanto o receber
Qualquer que venha agora
É luz, é vida, é porquê
Mas eu escolhi sentir a dor que passa
Sem que um dia tudo ficará apenas nas mãos
Sagradas daquele justo juiz
Que é o amor, a mão estendida o cuidado
Este é e sempre será
O meu Senhor Jesus!

FLOR

A flor mais linda
Eu vi derramar suas pétalas
Que antes gotas de orvalho eram
Lágrimas cujos espinhos a feriram
Ao invés de a guardar
A proteger das mãos a machucar
E suas pétalas derramar
A flor que linda era
Como explicar tamanha beleza
Que a inveja tornou em dor seu existir
Hoje, ela flor, enfeita nossa lembrança
E lá onde renascera mais bela
Ao lado do criador Jesus, vive!

DESENCANTO

O amor só existiu em mim
Porque sou assim, feita pra amar
Quando pensei na tua boca
Na tua voz, no teu olhar
Não quis saber da tua vida
Teus olhos de anjo tão puro
Mostrou-me o que é amar
Viajei no que desejei achar
Teu corpo era tão somente figura
O meu amor por ti
Foi como o universo
Foi espiritual, carnal
Foi sonho real
Eu te quis como sou
Te achei parte de mim
O amor só existiu em mim
Porque sou assim
O amor sou eu
Te imaginando parte de mim.

AMOR CONFUSO

No teu doce e meigo estar
Olho e vejo um triste olhar
Vejo a fragilidade do seu corpo a caminhar
Nos teus modos, teu abraço
Nos teus desejos, tuas taras
Nas tuas palavras confusas, mentiras
No teu ir e vir vejo lampejo

De uma busca sei lá do quê
Na tua sumida
Vejo o que não posso julgar
Vejo mistérios no ar
Aí então lembro teu olhar faminto
Tua loucura sem censura
Teu desejo estampar
Me perco em saber
O que vejo em você
Sem entender
A dor me consome
E eu mais uma vez
Não sei o que é pior
Ter você em mistérios
Ou te perder sem entender
Qual de nós dois se esconde
Eu que vivo a sofrer
Ou você a me perder?!

MARIA

Ela se foi como um raio que não se contém
A dor te chamou outra vez e lá vai
Também sentirá saudade do que já não alcança mais
O que procura seu peito?
Exprimida vida de tantas dores
Assim teimosa vive ela e eu também
Mas o que será que procuramos?
Como alguém que perdeu seu filho na multidão
Vive quem sofre desse mal
No poema passado a limpo

Olho e vejo que amei intensamente
Sem achar valores materiais
Era feliz sentada num simples pedaço de escada
Mas tudo era o que desejei um dia
Será que ela, aos 81 anos, sente falta de uma paixão?
A pele perde o viço e o coração não para de querer
O que é isso em nós? Fonte a jorrar nas pedras velhas?
Ela se foi até quem sabe fechar seus tristes olhos
Mas a flor roxa da saudade terá em suas delicadas mãos
Quem sabe a dizer por ela
Como meu coração se parece contigo!

AVENTUREIRA

Passagem rápida, corrida
Pressa de alcançar, querer mais que almejar
Sonhos em ação, verbo
Como a vida que é Deus no princípio
Aventura, aqui chamada vida
Viagem, galopes, paradas
Caídas, levantar-se, agir
Pensar, chorar e rir
Tudo aventura
Ainda que em quarenta anos
No deserto seco a caminhar
Ainda que no frio de uma calçada a dormir
Mesmo que na cela de um cárcere
Sem esperança de sair
Mas lá no final da existência
Ele, o redentor de nossas almas
De braços abertos a nos esperar

A nos acolher no cansaço
De um aventureiro!

AÇO

Hoje vi sou feita de aço
De ferro, meu peito
De fel, meu pensar
Como suporto tanto desgosto
Como ainda vivo?
De pé, vago, Voo, viajo
Olho, penso, Vivo e sonho
Toca meu sino lá dentro da alma
Desperta então a realidade
Chega de sonhos vãos, de esperas longas
De dizer não, não ao que suplica me tocar
Vejo então que objeto sou em tuas mãos
No meu sentir tão diferente
Busco teu amor com teu olhar
Medos, fugas, esperas
E tudo passa por entre os dias que viverei
Mas a paz é bálsamo que nem sei de onde vem
Só sei que ele existe sim, mas só dentro de mim!

CONSUMADO

Momentos finais duram milênios
Segundos são eternos
Como imaginar a felicidade perdida
Se nem existiu?

Parada como um ser que espera
O último suspiro, estou
Nada posso prever
A não ser olhar e ver os sonhos
Como puro transtorno
Somos então, realidade fria
Ou loucos emocionados
Só vejo agora, muita desilusão
Tudo seria loucura feliz
Se o amor caminhasse junto ao meu
Faço perguntas, questiono
Se amar é perder-se
Odiar e tolerar é achar-se
Quero perder-me ainda que só
Eu sei que o mundo
Caminha em trilhos certos
E eu perdida sou
Na beira do caminho
Que eu mesma tracei
Nessa hora sou apenas dor
Dor parada, tudo já está aclarado, consumado
Lutei de toda forma, amei, briguei
E nada pude fazer
A não ser deixar vir o que vier
Não sei daqui a pouco como será
Arrependimentos só do lado de lá
Fiz tudo de peito aberto
Confessei meu pecado
E espero ser crucificada
De nada arrependo
Porque verdades libertam
Jamais crucificam

Fui verdadeira no amor
Ainda que dito adultério
Entreguei-me de corpo e alma
A quem amei
Esperei o momento do tormento
Ele veio e aceitei
Amarguei cada pedaço do meu castigo
Enfim, sou a realidade que a vida permite
Espero que cada minuto me traga novos sentimentos!

LOUCURA TEMPORÁRIA

Paixão desenfreada consome meus dias
Passo horas pensando
Como não sentir tamanha dor
Paixão, loucura temporária
Que os vivos querem sentir
Quis eu enlouquecer
Nesse desejo de amar
Cruel é a dor que o ser amado
Faz sentir
Paixão desenfreada
É dormir sem tocar seu corpo
Cristalizado estava meu sentimento
Até o dia que te conheci
Feliz eu era nos fortes flertes
Que me traziam esperança
De um amor sonhado
Quis eu enlouquecer de amor
Tão funda é a dor do pecado
Deus permite e se afasta

Das paixões proibidas
Minha boca trêmula vive
De tanta agonia
Te ter é tudo que preciso
Quero tê-lo em meus braços
Abraços e beijos me acalmam
O espírito atormentado
Atormentado, inseguro do que terei
Não sei até que dia esta paixão vai existir
Só quero que em seu lugar
Nasça um grande e eterno momento de
Paz! Amor...

SAUDADE

Está indo embora meu sentimento
E com ele a inspiração
Sinto vazio meu dia longo
Passam horas por entre quartos desarrumados
Olho de lado e vejo desanimados
Esperando que eu me curve
Para desprezo me darem
Fico sempre esperando
O próximo minuto e o que ele trará
A esperança ainda me faz feliz por instantes
Já está indo aos poucos o amor
Virando a esquina
Eu, que resignada sou
Aceito a vida como vem a mim
A duras penas passei 50 anos
Nem um dia deixei de amar a vida

Este infinito amor me faz suportar
As minhas limitações
Fico a pensar porque tudo
É tão difícil de acontecer?
Fiz da minha existência
Um longo e completo aprendizado
Cada derrota é um degrau que subo
Subo e subo mais alto
E se no final achar o que procuro
Distribuirei pétalas de rosas
Aos que me negaram a felicidade
Meu pai, meu primeiro companheiro
E tantos que eu amei tanto
E as costas me viraram
Aprendo a lição e sou cada dia mais feliz
Meu último amor será meu último erro
Não sei se há como desenhar um jeito de amar
Mas vou aprender com meus exageros
A nunca mais me dar total a ninguém
Creio que um pedaço de mim, quem me ama terá
O resto, serei apenas uma mulher desejada
Assim traço meu destino!

VIDA SIMPLES

Fui viver lá no fim da cidade
Onde eu passei a vida a estar
Vivi vida de solidão
Onde preenchi com serviço caseiro
Levantava cedinho, coava café
Bebia sentada no banco

Depois arrumava a cama
Varria a casa, lavava roupa
E limpava o terreiro
Fazia o almoço e comia
Assistia à TV no meio da tarde
Dormia um sono preguiçoso
E acordava no fim do dia
Chegava a noite junto com as novelas
No final, dormia a esperar outro dia
Assim passei meus dias
Enfeitando os momentos de prazer
Nas caminhadas
Sem pensar no que deixei pra trás
Para seguir meu destino
A vida estava sem graça
No conforto eu era mais triste
Assim imaginei viver um dia
E aqui estou agora
Pensando nesse depois!

PRESENÇA DO FIM

Parece que o fim chegou para nós
Todo encanto simplesmente virou cinzas
Eu tento dormir, não consigo
Acordada sinto tanta dor
Que não sei como suportar
Ah, como a vida nos ensina
E traz a realidade cruel e fria
Frente a nós!
Indica-nos a direção

E mostra-nos que tudo que é bom
Dura pouco
Já não posso prever mais nada
E só o que me resta
É sentir a dor da perda
Eu tenho o alívio de ter me permitido
Mergulhar neste lago lindo e fundo
Estou nadando com toda minha capacidade
Até quem sabe chegar inteira até à beira
Não sei se o sol vai estar lá a me esperar
E me enxugar a alma que agora derrama suas lágrimas
Tanto sentimento por tão pouco
Porém, um bem eu sinto
Vejo como um castelo sendo desmanchado
Mas a água azul que leva a areia
É tão linda e cristalina
Volta ao mar e se mistura nas ondas altas
Assim é nossa vida contínua
Amo agora e perco quando não mais
Existir o tão sonhado ser encantado!

DEPOIS DO FIM

Ainda não acabou
Eu sinto como se tudo estivesse vivo
Ainda que só em mim
Preciso desse pingo de esperança
Ainda não acabou, pressinto
Só a mágoa e as dúvidas
Soltam fumaça no ar
Como se depois de tudo acabado

O cheiro ficasse pairando no ar
Para mostrar que ainda
Existe algo para vir
Ainda não acabou, eu sei
Eu que já não consigo escrever
Tão desestruturada de amor e dor
Queria ser fria e rancorosa
Para odiar quem tanto
Me fez sofrer de amor
Ainda não acabou
A única força que ainda tenho
É a crença no próximo minuto
Sei que coisas novas vão surgir
Quero só que tudo passe
E a felicidade me ache
Nem sei como
Ainda não acabou, eu sinto
Mesmo vendo tudo errado
Do outro lado, onde flechas
Me sangraram o espírito
Perdi meu voto de sinceridade
Com Deus e o mundo
Mas fiz em nome do amor
Que amor?
Recebi beijos na boca apenas
E doces olhares de mansidão
Será que isto apenas basta?
Não sei, só que estou como encantada
Vejo meu carrasco e suas injustas chibatadas
E o quero, desejo que seu coração
Volte a sorrir para mim
Mas agora apenas o que posso sentir

É dor parada
Como uma nascente de um rio
Sou no meu jeito de amar
Pedras, quedas, galhos
Eu tenho que ultrapassar
E existir, até desaguar no mar
Assim é meu caminho
Mas de vez em quando
Banham-se em mim
Lindos nadadores
Lá sigo eu meu destino
Batendo nas pedras
Ora evaporo, ora transbordo
Não sei até quando vou existir
Nem sei se me deixarão viver
Ainda não acabou
Eu quero que a roda da vida
Gire para meu coração fazer sorrir
Basta um simples e consciente
Pensar amadurecido
Mas imaturo, imperfeito
Tudo pode ser tão simples
Quando na verdade só o que
Muda o mundo é o verdadeiro amor
Ainda este espero, não acabou!

CÉU

Ela lá, eu aqui
Nós duas num só pensar, num só existir
Ela lá a flutuar, eu aqui a vagar

Nós duas juntas num lamento
Num sorriso a sonhar
Sonhar que te tenho em mim
Buscar teu sentir, sua dor
Que eu não quis olhar pra não sofrer
Mas essa dor agora mora em mim
Assim serão meus dias findos
Você lá, eu aqui
Nós duas num mesmo sentir!

PEDAÇOS

Tenho sim, apenas pedaços
Pedaços de amores, pedaços de dores
Pedaços de nãos, pedaços de sins
Tenho sim, apenas pedaços
Pedaços de horas, momentos de ilusão
Minutos de sonhos, segundos vãos
Tenho sim ou não, tenho não
O teu querer, o teu porquê
A tua fala, o teu sorrir
O teu passar por mim
Teu beijo frio, teu olhar vazio
Eu já nem sei se tenho amor
Se sou seu doce momento
Ou és tu meu tormento, meu sonho
Ou meu triste e solitário momento!

ADORMECIDA LEMBRANÇA

Lá está ela a sentir tamanha dor

Guardada embaixo de um cobertor
Presa livre se faz de vida que mais precisa for
Como uma fuga tampada
Alça voos altos como de um beija-flor
Perdido por uma orquídea
E lá está ela diante do seu doce desejo de amar
Como se tudo que é refeito seu peito curou
Sem pensar que aquela triste história
Seria um dia relida
Chega então seu dia
Como um sacolejar de medos e abandonos
Ameaça o vendaval
Quanta estranheza guardada se abre e sai
Tudo fica parado
A espera da volta de uma paz criada
Agora nada mais a fazer
A não ser aceitar o momento
E a dor já cansada dizer
Adeus!

CINZENTO

Aquele dia de ontem
Foi feito frio desafeto
Eu na janela do meu tédio
Me senti vazia sem explicação
Parei para pensar nas pessoas
Tão vazias como o meu dia
Lamentei por todos nós vivos
Cheios de motivo pra sermos felizes
No entanto, só vendo do lado

Adiante a imensa solidão
Tornei à janela chegar
Olhei moços e moças formosas a caminhar
De olhar tão perdido
Sem paisagem, sem nuvens no céu
Sem cor no olhar
Pensei nos doutores, nos mestres
Na agenda sempre repleta
Nos altos programas sociais
Senti que a sombra vazia em suas cabeças
Escondia o tédio ao terminar do dia
No cansaço da fuga escrava
E pude ver o mundo girar para todos
Filhos da mesma luta vazia!

NINGUÉM IMPEDIRÁ

Ninguém impedirá...
Porque meu Pai me deu
Pois que pedi em dor
Gotas de amores teus
Luz na minha escuridão
Céu no meu inferno
Asas que presas espero
Chão que no vale vejo
Dores de solidão é não
Calma no coração é sim
Felicidade é meu coração
Bênção dada por Deus
Presente foi te conhecer
Na luz clara do seu querer

Mesmo que tudo diga não
Vejo-te em meu caminho
Busco-te na minha solidão
Quero teu olhar pra mim
E teus abraços sem fim
Louca irei até seu caminho
Sem querer pensar no espinho
Tua luz eterna terei ao pisar
Por onde tenebrosos laços me lancem
Até que teu sim me alcance!

NADA SOU

Às vezes tudo, às vezes nada
Ao longo do tempo
Assim é a vida que me persegue
Às vezes tudo tenho
Às vezes nada sou
Às vezes sou sol
Outras vezes tempestade
Às vezes temporal
Outras, brisa que cai
No agir da vida sem querer
O poder sem quase alcançar
Em tudo almejar
Ouço promessas que
São ventos de anjos
Ouço palavras que
São simples enganos
Às vezes tudo virá
Outras a vida levará

E eu aqui a respirar
A receber, a oferecer
Tudo que eu sou!

DOM

Que é dado por Deus
Deus que em nós está
Adormecido pelos desejos da carne
Acordado pelos chamados de dores
Dom, dado pelo que nos fez existir
A usar quem sabe sem o conhecer
A ignorá-lo no doar a cura
Cura do corpo, cura dos erros
Cura da vida, cura dos desejos
Cura do sopro de vida
Cura da cegueira
Mas dom é o presente de Deus
Perfeito e inocente
Límpido como manancial
De águas correntes
Puro como o desabrochar das flores
Solitário como o poeta cheio dele
Maior que todas as saídas
Admirado pelos agourentos a invejar
Amado pelo seu único e perfeito criador
Deus!

AMORES CLANDESTINOS

Pingos de chuvas, pingos de amores

Migalhas caem nos pés de covardes
Como cachorrinhas, mulheres catam
Amor clandestino
É o amor depois do outro
Aquele primeiro dado por Deus
Escolhido por nós
Que no tempo de dores
Marcas marcaram
Assim perdidas somos
Jogadas neste leilão
Quem arremata? Ninguém
Se já no início fostes deixada
Neste caminho, todas vão
Lindas, fortes, amadurecidas
E desmerecidas
Pingos de afeto, gotas de querer
Chuvas de nãos
Até que qualquer encontra
E fica de favores
Eu mulher e outras solitárias
E sem valor
Até o velho marido pelas ruas
Vaga no cio de uma outra
Porque o dia lá se é uma pobre como eu?
Pingos que vazam nas grutas das rochas
Migalhas são
Amores clandestinos de tempos maduros
Como a vida tem sua ordem
O mundo em desordem
Criou alternativa de amores clandestinos
De poucos pingos, caindo em nossas faces!

VIOLETAS

Hoje te tirei de mim
Como o arrancar de um siso
Que doía todo meu ser
Ontem, meses antes eu te vi
Como um jardim florido
De violetas, hortênsias e jasmim
A morrer sem que pudesse eu eternizar
A beleza do seu azul, roxo e cores outras
Mas eu já sabia do triste fim
Do meu olhar a ti
Hoje eu te vi sem semente
Como num campo
Que hoje nasce devagar
Pequenas folhas sem cores
Mas que são a vida a renascer!

LÁ FORA

Eu já entregue estava no quarto fechado
Sem vontade de correr perigo
Lá os fogos iluminavam o céu
Cheio de nuvens chuvosas
Eu chegando nas minhas certezas
Do amor que quem sabe terei
Ou deste dentro de mim
Como papel recolhido na ventania
Todos os ideais já esclarecidos
Começam a se acomodarem
Dentro de mim, no entanto

Lá fora tudo conspira
Contra a minha paz!

SEDUTOR SER

Te amei como um doce apalpar
De minhas mãos te sentindo
Como a doçura em mim
Te descobri sem saber
Nada que havia oculto
Em seu sedutor ser
Te amei a cada expressão
De dor e sofrimento
Em cada gesto seco
Em cada entrega da dor
Em todas as formas do teu ser
No correr deste caminho
Vi como na rosa seus espinhos
A me ferir a te admirar
Sua terna figura ainda dói em mim
E eu, como lembranças
Deixo teu espinho me ferir
Pra dizer que assim como
A flor linda desperta amores
Também nasceu apenas
Para encantar por curto tempo
Assim é o amor de um sedutor!

HOJE E AMANHÃ

Hoje sou dor

Amanhã quem sabe, amor
Hoje te aborto, amanhã te concebo
Apenas no peito meu
Hoje eu olho tudo que te dei
Como te olhei, tudo que esperei
Já no passado te amei
Hoje desenganos amarguei
Como um filho que eu abortei
Te vejo em mim
Toda dor do seu agir me faz te ver assim
Como espinho cravado em mim
Quanta dor!
Quero te apagar, mas vejo você doer
Vejo sua indiferença, sua estúpida forma de ser
Então hoje, matei você em meu querer
Mas amanhã, espero que ao passar por ti
Eu apenas irei rir de te sentir em mim!

OLHAR

Sou dor, sou amor
Sou pena a voar
Sou presa ao amar
Sou cristal a quebrar
Sou chumbo a teimar
Sou tudo e não sou nada
A olhar teu olhar
Teu sentir a me tocar
Sou vazio de abismo
Sou mar a transbordar
Sou tristeza ao te amar

Alegria em te achar
Nos olhos reflito tudo
Teus modos, tuas mãos
Tua ira, teu falar
E como espelho te mostro
Tua alma no meu olhar!

APENAS TRÊS DIAS

Ah, que dia que te descobri!
Que eu não era em ti
A doce ternura de amor
O sol que brilha seu dia
A noite que amamos em alegria
Ah, que sábado!
De angústias sem saber por quê
De incertezas ao pensar você
Tudo em apenas três dias
Senti, chorei, pensei
Enfim, descobri
Tua fria maneira de ser
Mas enfim, tudo terminou
E como espinho na carne
Te arranquei de dentro de mim!

PASSAGEM

Morremos sim, em cada momento da vida
Morremos ao final de um sorriso
Morremos ao duvidar do amor

Morremos ao acordar chuvoso
Ao entardecer sem sol
Sem o luar no infinito
Morremos a cada não
No olhar de alguém
A cada espera da alegria vã
Em cada dia a buscar você
Morremos ao deixar a alegria morrer
Morremos ao ter que sobreviver
A teimar que somos capazes
De não morrer
A esperar que o amor
Entre no coração endurecido
A perder a esperança de te ver
Morremos assim que nascemos
Em cada não da vida
Em cada janela fechada
Em cada gaiola trancada
Que seu triste egoísmo
Cortou-nos as asas!

MEMÓRIAS

Momentos, emoções, lembranças
Tudo em cada um de nós
Em cada lugar vivido
Em cada não recebido
Em cada olhar sentido
Memórias, nosso abismo
Ou nosso esplendor de alegrias
Tudo aqui vivemos, viveremos

Amargaremos, ou na emoção
Do bem maior, teremos
No caminho pelas estradas
No tumulto ou nas horas sentada
Lá vamos nós, acumulando memórias
Nosso anjo iluminado
Ou nosso tenebroso palpitar assustado
Tudo memórias de uma vida longa
Sem tempo de partida
Olhando os que tão cedo se foram
Mas caminhando estamos
Ao final de tantas lembranças!

AUSÊNCIA

É te ver e te sentir
No aceno de um tchau
É te olhar andar tão rápido
E não olhar pra trás
É no primeiro encontro perceber
Que o teu fugir é teu jeito de ser
É sentir no peito meu, arder
Cada vez que penso em você
É como premonição do fim
A cada minuto com você
É amar na inconstante busca
De te achar
É passar e só te imaginar
Do outro lado da rua
É chegar tantos medos a dizer
Vamos parar por uma paz

E no final tudo se confirmar
Não era ausência minha, loucura
Mas sim, ausência
Era você sem mim
Até no último momento
Que eu te esperei!

SAUDADES

Hoje tu, minha flor, dormes
Lá no infinito passeia
Teu frágil corpo sofrido
Se apaga em nosso pensar
Mas a dor de tua distância
Viva está a nos dizer
Por que não te fiz feliz?
Como criança te carregamos
Assim como a nós
Teve no ventre, no colo e no apego
Mas enfim, tudo consumado está
Te deixamos voar para o céu
Te levamos em esperança
De um dia te encontrar
Fostes a flor mais frágil
Do jardim espinhoso
No entanto, a mais forte e sábia
Soube existir em dores
Saiba, minha flor, que te amamos
E aqui tristes estamos
A lembrar de ti!

PERVERSO

Eu só quis o teu amor
Eu só te dei o meu também
Eu só quis te olhar e te ver tão belo
Como espelho a refletir meu olhar
Eu só quis ser menina
Nos teus braços a me jogar
Em teus modos misturar
Em tua ânsia me achar
Eu só quis ser menina
Querida, amada, admirada
Nestes braços sem abraços
Nos teus bruscos acariciar
Tendo em cada lance de um olhar
Me joguei sem pensar
Que pra você ou mais alguém eu nada fui
A não ser o que você me viu
Em sombras do teu perverso ser!

TE PERDI

Te perdi não sei como
E se agora sangro
Não sei como estancar
Te vi partir sem mim
E se hoje a dor me consome
Já nem sei se foi meu erro
Ao te amar demais
Com toda dor hoje vivo
A pensar onde foi

Que eu errei a te amar
Você que é tão solto
Ou eu que te quis
Prender em mim?
Agora se este amor
For eternizar em mim
Vou chorar
Até quem sabe um dia
Você ou eu sabermos
O que é amar!

PÁLIDO

Hoje eu sei que tu és
És pálido, frio
Triste ao entardecer
Já te vi em tantos anos
E em tantos que não te queria
Te és domingo à tarde
Dia que solitários se veem
Acordam, percebem seu real existir
Tu és tão sem vida
Como um pálido sorriso
Sem graça como um olhar distante
Sem luz como um homem egoísta
Tu és aquele que retrata o ser
O ser filho, que não ama
O ser amigo, que não liga
O ser pai, que mora no infinito
O ser só, que mora eu
Hoje, sempre, amanhã

Eu sei quem tu és
Tu és o dia que termina
A festa que acaba
A noite que aparece
O fim do meu, do seu
Do nosso sonho
De que não estamos
Ainda perdidos!

AMOR É ENCANTAR

Minha essência, meu ser, meu além
Tão doce, tão amargo, tão complexo
Amor puro, frágil
Vício que domina
Amor encanto, afago, encontro
Palavras, atos, mãos, voz
Falas, idas, vindas, doces horas
Como te explicar?
Se em cada olhar não te encontro
Mas sim em mim
Ou no seu passar aqui
Amor é pedaço de lembrança do outro
Que eu senti ainda criança
Em um o olhar, em outro o falar
Em todos o aceitar
Portanto, amor é encantar
É achar lindo, é encontrar-se
É aquilo que um dia se perdeu!

ELI

Meu passarinho, livre, solto, forte
Frágil, corajoso como um passarinho
Simples é seu voo, seu existir
Eli é ele, meu pássaro
Que pousou perto de mim
Sorriu, mostrou teu sim
E eu ali, só, a olhar
A esperar teu fugir de mim
Voou pra longe
Mas seu canto deixou na lembrança
Tão logo a vida mandou
Veio ele a pousar meu jardim
Que hoje florido está
E eu como uma árvore
Plantada de galhos frondosos
E folhas que caem, fico aqui
A esperar você pousar em mim!

CARÍCIAS

Mãos que eu te dei, que te afaguei
Que num adeus, te vi partir
Mãos que te tocaram, que te abraçaram
Que num adeus, acenei
Mãos tão brancas, tão brandas, tão calmas
Tão frias ao te tocar sem querer
Tão quentes a te afagar por uns instantes
Mãos tão simples, tão pouco vistas
Tão menos que os seios são desejadas

Mas mãos, todas, a tocar, a acariciar
A sentir, a roçar, a bater
A te entregar meu querer
Há mãos quentes, suaves,
Amáveis, ternas, necessárias
Tu és tão pouco vista
Tão pouco notada
No entanto, mãos, tu serás pra sempre
A mais linda expressão!

SOCORRO

Me diga quem eu sou
Se vivo no fundo de mim mesma
Tentando viajar no universo da sua alegria
Do seu egoísmo, do nosso tímido viver
Socorro!
Me diga porque sou assim
Tão cheia de dor e alegria
Horas tristes que tu me deste
E eu apago com o fogo da minha alegria!

TERRA

Hoje dizem é teu dia, mas todos os dias o são
Terra que pisamos, que plantamos, que colhemos
Que encanta nosso olhar nas caminhadas
No verde da montanha
Nas flores que anunciam seus frutos
Nas árvores solitárias a doar vida em folhas verdes
Terra que pisamos, que plantamos e pouco cuidamos

Hoje, amanhã e eternamente
Sempre serás a mãe que alimenta
Que sustenta o faminto
E enfeita nossa longa caminhada
Hoje, natureza
Amanhã, só seremos a te abraçar!

ESCREVO PORQUE SINTO

Escrevo porque sinto
Sinto porque vejo
Vejo o que desejo
Fujo do que me apavora
Te olho e te sinto
No espelho da minha alma
Te sinto como menina que fui outrora
Passeio no teu mundo
No fundo dos teus olhos
Sigo o teu agir, seus modos
Seus gestos, teu corpo esguio
Acendi assim meu desejo sem fim
Com dor sem amanhã
Com amor no meu agora
Caminhos que aprendi a viver por viver sem ti
Mas na triste aventura da vida
Faço de mim uma mulher feliz!

CHAMA ARDENTE

Chama ardente, perda de paz

Sem ser amor, somente dor
Dor de incertezas, ânsia de saber
De fugir, de entender
Entender seu querer, de sentir teu sentir
Tão doído como em mim
Chama profunda que aprendi sentir em ti
Na ânsia de te ver
Na essência da mulher que se funde em nós
Por tão capaz de entender a alma
Me vejo cega em te observar
Pois, teu silêncio e tuas fugas
Só me dizem que é dor
Dor de não saber, de não entender
É você
Lá dentro, ânsia guardada
Lá fora, passos de condor cansado
De pássaro sem asas, velho
Porém, arrastando
Tão igual ao meu dilema
Querendo e não tendo
Oh, chama ardente
Que é despertada em cada olhar!

FILHA AMADA

Sei, Pai, que pequei
Sei, Jesus, que busquei no ímpio
A tua imagem, nada lá achei
Sei, Jesus amado, que perdida estou
Sem ninguém, sem seu amor
Sei também, meu Pai

Que sou sim, pecadora
Em nome do amor que sonhei
Te vejo tão suave a me dizer
Te perdoo sim, filha
Mas vá e não peques mais
No entanto, pai, sou carne
Sou sentimento, sou filha da maldade
Preciso achar meu sentido
Por que não me deu o ser amável que preciso?!
Mas eu, no chicote, a ti vejo me dizer
És sim, fraca, mas és sim, filha amada
Creia que seu desejo já está consumado
Espere e terás o amor sonhado!

ETERNO

Tão lindo quanto dentro é
Tão puro quanto o tempo de vida
Sua verdade é sossegada
Sua ternura em pele está
Seus olhos pequenos e firmes
Sua boca a querer se mostrar
Em lábios cheios de carne
Tua juventude parece eterna
Tu és aquele que eu queria
Quando jovem
Desejaria quando velha
Admira como mulher, agora
Se devo abrir meu peito, não sei
Se não devo, não o terei
Se dou meu coração, morrerei

Se não te dou meu não
É porque sei que te quererei
Mesmo sem esperança
Mesmo sem juízo
Mesmo que loucamente
Apenas dentro do sonho
Te terei!

ILUMINADO

Naquela fria manhã
Eu me via saída de um círculo
Pra tentar voltar a vida
Foi aí que te conheci
Frente à minha agonia
Eu só sabia olhar tua mão
A decidir a minha sorte
Te olhei e te achei distante
Distante, mas eu só queria de você
A vida por um instante
E fui te achando capaz de me dar
Sem esperar elo entre nós
Cheguei até você várias vezes
Depois de várias idas
Te achei tão cheio de amor
Que me vi tal qual garoto junto a Chaplin
Naquela mesma manhã fria
De onde o garoto era ele um dia
Hoje sou eternamente sua companheira
Na minha solidão, sem contar com sua eterna companhia
Só sei se te terei te achando em mim companheiro

Porque te descobri cheio de um desconhecido encanto
Isto terei sem te ter, porque nasci de uma ilusão!

TÃO IGUAL

Incerto mundo, sentido inverso
Seres aos avessos se cruzam
Desdenha a sorte ao sem rumo
Jeito comum pairando no ar a respirar
Luz que clareia ao se mostrar
No sol e nas estrelas
Luz dos homens a buscar nas águas
Da descoberta incerta ao cortar os rios
Queda precisa na dor a reluzir
Passos sem espaço a tropeçar
Buscando os braços abertos no abraço
Um olhar compreendido
Grãos de areia perdidos
No vento que leva cada qual a um lugar
Juntos se apertam, se desejam
Se desprezam, se amam
Na busca do mesmo ideal
Tão igual, perdidos no sonho
Do amor incerto!

METADE

Metade de mim é liberdade
Metade é dor
Metade que sou sem sonhar
A outra metade sou amor

Metade de mim é desejo
A outra sou química
Nas duas metades transito
Buscando a força Divina
Metade de mim é saudade
A outra, fracassos
Na outra metade sou dignidade
Metade da noite é descanso
No dia seguinte é alimento
Juntando as metades
Eu sou pássaro que não voa
Mãe que é filha, filha que é mãe
Amiga que pede amor
Sou como tudo que dou
Lados se juntam
Fazendo um único e pesaroso fruto
Pois sei que das duas metades
Só o que se aproveita
Só destruindo achar-se-á!

ESCAPES

Vamos vivendo e adquirindo
Formas e jeitos
Modos e escapes
Nos adaptamos a tudo
Com nossos recursos
Um relacionamento de dor
Se acomoda na frieza necessária
Um desejo se multiplica na vã tentativa
De encontrar o certo e único

A vida pouco a pouco
Nos desliga de nossos maiores medos
Olhando o passado e vendo o pânico ao acordar
Nota-se que também este já dominado não assusta mais
Fico a pensar se vivêssemos as realizações desejadas
Acostumaríamos ao perfeito e feliz modo de ser
Vamos nos ajustando ao que nos vem
Digo, eu me ajusto até mesmo às minhas certezas
Do que sou e do que não consigo ser
A complexidade da vida é clara
Em todo e qualquer ser
Até aprender a pensar estas coisas é uma forma de adaptar
Aos conflitos externos e sequencialmente internos
Dizem que tudo acontece através de nós
Mas é como a história da galinha e do ovo
Quem nasceu primeiro?

LOBOS

Formas diferentes, olhos que não dizem
Assim é o lobo vestido de ovelha
Que pena te descobrir
Esta foi a primeira semana que te vi
Seres humanos ou desumanos
Vestidos de uma capa bondosa
Passas por santo
Mas és apenas lobo vestido de ovelha
Te vi e percebi tão cedo
No fundo não se parece
Com seu tom de justiceiro
No entanto, basta esperar
Que logo se mostrará nos atos

Porque assim tão duramente
E defeituoso és quem por dentro
Nada mais que uma ovelha vestida de lobo
Seu rosto sempre mostrando o contrário
Quem vê cara não vê coração
Diz o ditado tão sábio
Lobos vestidos de ovelhas
São todos os seres perfeitos da terra
Prefiro sua imperfeição
Pois sei que lá no fundo escondes
Sua ternura, eu tenho certeza!

AINDA QUE SEM FOLHAS

E vi tuas folhas secas que o vento levou pra longe
Ficaram teus galhos secos, seu tronco firme
Na esperança da chuva molhar seus tristes dias secos
Lá de pé espera ela sem chorar, sem pensar o que é a vida
E quando tudo florido estará
Lá na curva de um deserto caminho
Vive ela com seu existir na sequidão
Assim linda, longe do nosso olhar
Está cada ser que uma florida árvore
Um dia frutos derramou no caminho
Mas quis o sol e o vento levar suas folhas
Secar seus galhos, mas ela, assim como um dia
Nós seremos no oculto de um olhar
Ali de pés firmes em raízes do que nos fez fortes
Ainda que sem folhas e flores
Mas eternos no caminho de um alguém cansado
A sentir sua beleza seca!

AMOR DE MÃE

Juventude é seu nome
Sorriso tão lindo é seu encanto
Como um menino de pele morena
Assim passas por mim
Sem palavras se achega
Como quem quer, mas não sabe o quê
Te vejo tão vivo e esguio
A passar por meus mais curtos momentos
Seus olhos que deviam brilhar
Mais parecem sombrios
O que será que eles diriam
Só Deus e seu coração saberá
Há quanta vida sem experiência
Quanta beleza sem cor
Assim é a juventude de alguém
Que sente sem saber porquê
Perdido e pondo a perder
Os mais doces encantos
Queria ser uma perfeita pessoa
Da qual saísse a felicidade total
E quem sabe no meu olhar
Dissesse algo tão profundo
Que a distância entre nós nunca
Seria maior que a vontade
De ser e te ver feliz?!

ESPELHO DA ALMA

Aquela que alguém vê é aquela que veste a alma

Aquela que me faz outra que alguém deseja em mim
É aquela que nunca vemos
Pra quem damos com gestos olhares e lágrimas
A ilusão do coração aquela dentro de mim
É aquela vestida de traços estranhos e desconhecidos
Perdidos na forma do mundo
Aquela que só vejo agora
Você há muito já viu
Com olhos que eu nunca vi
É apenas a roupa da alma.
Aquela dentro de mim
É aquela que o mundo não vê
É aquela que busco em você
Talvez tão escondida e solitária
Desconhecida, intransponível
Vestida da roupa mais bela
Que só o coração não vê
É apenas a roupa da alma!

INVEJA

Quando elevo meus olhos pro céu
Vejo uma grande luz
Na dor que o ser humano
Mais desumano que os cães
Eu vivo assim
Cheia de desenganos
Carência maldita que me invade o espírito
Luto por ser quem sabe outra pessoa
Mas meu dom de amar só pede pra que eu resista
Inveja. Ah, como tu és destrutiva!

Existe em cada pessoa no seu momento de pequenez
Eu também te sinto, mas consciente
Me aceito e rejeito
Injusta tu és comigo
E com aqueles que mostram sua luz
Inveja dos mares, inveja do sol
Inveja da morte, inveja de alguém
Afaste-se e vai-te junto com o vento
Me deixa viver como sou
Caim matou Abel (inveja)
Assim nascias tu
No amigo, até na mãe
Tudo que almeja em um ser, te tem
Inveja ingrata, maldita serás eternamente
Pois que o Deus que te permitiu nascer em nós
Vítima também foi de ti
Ah, inveja, se torne admiração!

POR QUÊ?

A gente constrói
A gente destrói
A gente fere
A gente cura
A gente berra
A gente escuta
A gente vive
A gente luta
Agora é você
Agora sou eu
Não tem ninguém

Você faz, você tem
Lá do alto
Descansa alguém!

RECOMEÇO

Eu conto meus dias a palmos
E minha dor a minutos
Se choro, transbordo, esvazio, espero
Busco e recomeço
Eu vivo fantasias
Dentro da cruel realidade
Sem saber do certo ou errado
Do sonho faço a fuga
Da realidade a lucidez
Se sou tudo posso ser nada
Só minhas lágrimas
Falam por mim
Só que eu não quero chorar agora!

O PREÇO DA CONSCIÊNCIA

Quanto custa saber?
Um coração solitário
Talvez uma terrível sensibilidade
Que às vezes traz pranto
Outras, alegria desmedida
Desespero pela dor alheia
Sentir antes o que nem vê
Entediar-se em pleno meio-dia

Sentir-se tão somente único
No momento final
Deixar do lado de fora
Os ideais nesta hora
Vê a destruição de dentro pra fora
Sem armas para corrigir
Quanto custa saber?
Ver tão longe e alcançar tão pouco
Ser tão louco, porque ser normal
É saber tão pouco!

PAISAGEM

Somente tu, céu estrelado
Chão que eu piso
Firmamento no espaço
Montanhas aveludadas
Somente tu, terra linda
Onde pisamos e sonhamos
Onde alcançamos distâncias
E vivemos aventuras
Somente as maravilhas do criador
As aves que voam coloridas
Os cães que amigos são no olhar
Somente tu, criança
Que breve será maldade
Assim que o corpo se esguiar
Somente tu, doces momentos
De um enganoso amor
Nos doces encantos de um olhar
Podem nos dizer: amo-te

Ser que vive a sonhar
Pois que a realidade fria se faz
No encontro, no conhecer e no tocar
Somente tu, sonhos
Valem por nos acalentar
E delírios ao acordar
Não chore, olhe aquilo que é belo
O céu e as estrelas
Montes e montanhas
Pássaros a voar
Flores a colorir
Tudo no silêncio parado
E eterno a dizer
Isto você pode amar!

AMANHÃ

Irei te ver, irei te olhar
Irei sorrir, depois chorar
Amanhã eu sou amada
Eu sou admirada
Isto viverei
Amanhã, meus passos serão
Apenas cansaço
De viver sem chão
De voar sem céu
De amar em vão
Amanhã serei mais eu
Verei meu sonho desfeito
Para uma realidade feliz alcançar
Ainda que tudo se perca
No frio de um olhar

No triste caminho de uma vida
Não perderei o que sou
Aquela que tanto amor despertou
Mesmo em corações tão prisioneiros
Como o meu!

FRIO OLHAR

Acho que envelheci e não vi
Acho que nada sou para ti
Que por mim passou e me levou
Acho que o vento soprou
No meu viver, no meu pensar
Levou o brilho que já não há em mim
Levou você sem meu olhar
Acho que me perdi ao te achar
Me dei tanto até te sufocar
Te estendi tapetes, te dei flores
Te olhei nos olhos
Recebi então teu adeus
Acho que sou fantasia que a fria realidade destrói
Sou sim aquela que passa até você
Te faz sonhar, te faz querer
Mas em vão busco teu sim, teu coração
Pois este faz perdido na multidão
Dos lindos e frios contatos
De um frio coração!

ANJO DE MIM

Por dentro de cada ser

Há um cárcere
Não há homem mal
Mas assim quem só sabe
Querer para si
Esta força se chama egoísmo
Apenas cada qual tem sua dose
E somos mais que alimentados nesta busca
Lá dentro de cada um
Vive tantos meios
Nos fazendo sorrir ou chorar
A dor quando cansada, é purificação
Nada como agradecer àquele
Que espinhos te oferece
Lá no céu
Só habitam aqueles
Que por dores passaram.

AGORA

Apenas eu
Este que deposito meu lamento
Agora apenas nós dois
E nada além
Agora o que sinto é solidão
Sem medo de pensar nos nãos
Nos não devo, nos não posso, nos não te quero
Nos não te amo, nos não te respeito, nos não te aceito
Agora aqui no meu travesseiro
Apenas meus olhos serrados
Minha garganta sufocada
Meu pensar no nada

Agora apenas o meu orgulho a me sustentar
E uma longa estrada a caminhar
Um horizonte a olhar, a buscar.

MEU AGORA

É filtrar meu bem estar
É te olhar sem culpa
Me entregar sem sonhos
Viver a minha escolha
Meu ontem
Foi meu sonho quebrado
Minha teima esmagada
Minha ilusão frustrada
Meu início
Foi minha descoberta
Meu medo parado
Minha ânsia sufocada
No meu início, no meu ontem, no meu agora
Juntos no seguir da minha história
Conto os dias que passo
No desabrochar da vida
Vivida em mim!

DESCOBERTA

Menina sou, no corpo esguio, no pensar vazio
No achar que sou maior, menina serei
No encontro da minha essência
E do meu racional

No sorriso tímido ao ver-te
No agir sem segurar-me, a querer-te
Menina sou, num canto vazio
De um quarto sem móvel
No caminhar e no achar que tenho teu amor
No momento de escuridão, no adeus ao que fica
No apego à filha que tenha
Nas tantas conquistas em vão
No medo de dizer quero, na coragem de dizer não
No olhar do amor e até no desdenho do simples da vida
Menina serei, exatamente em tudo aquilo que sou!

VÁRIOS

Amor de dependência, amor de sacanagem
Amor de necessidade, amor de atração
Amor de ternura, amor autoafirmação
Amor sedução, amor de egoísmo
Amores são tantos
Quantos nos despertam cada lado nosso
Um amor que vindo do peito
Daquele que vier
Se transo, amor brando
Se atirado, amor safado
Se triste, amor melancólico
Se feliz, amor reluzente
Se complicado, amor tumultuado
Se doce, amor suave
Se violento, amor sofrimento
Tantos amores
Tantos a doarem

Simplesmente
Aquilo que somos!

AMOR SEM FIM

Se o preço da vida é tamanha dor
Se pra sorrir ao te achar tão bela
Se há de chorar até hora de rir chegar
O preço desta alegria
Ainda que curta é tão imenso
E o final é a morte como conserto
Nos altos picadeiros
Lancei sorrisos amarelos
Pelas ruas eu olhava
A vida linda que de mim saía
Trêmulas pernas a me equilibrar
Vendo o sol tão brilhante
A queimar meu corpo
Mais linda era a vida a minha volta
Nada a que me apegar
A não ser a alegria
De passar por você
Sem que me visse
Eu te amava
E a vida se alegrava
Hoje fechei os olhos e dormi
Pra te esperar um dia
Porque o amor em mim
Vai continuar assim
Como vindo do nada!

SER DE LUZ

Quanto maior a dor maior a poesia
Quanto mais alta a queda
Maior a força do salto pro alto
Quanto maior o vazio
Maior espaço para o que há de vir
E virá com certeza
Quanto maior o fracasso
Maior o tamanho do ser que o suporta
Sendo tudo não há porque querer
Tendo a flor na mão terá junto os espinhos
Para torná-la senhora de sua beleza
Se ao pisar em brancas nuvens sentir-se no céu
Sem viver do fundo de uma raiz não achará o céu
O céu está em cada cabeça
Nos dias findos de uma batalha
O céu é apenas mais um dia que se acaba
Ao recomeço de uma forma de se achar feliz!

SINTO

Ao ver-te, ternura
Ao percebê-lo, ilusão
Ao querer-te, dor
Ao buscar-te, desilusão
Ao amar-te, dor
Dor de solidão
De espera em vão
De sonhos acordados
Sinto, tão perto teu corpo

Teu rosto a me roçar
Roçar em meu corpo
Beijar-me o lábio
Tocar meu rosto
Tudo virá sem ânsia
Sem pedir-te, sem querer-te
Sem percebê-lo
Sem mendigar-te
Pois que o amor é perfeição
É equilíbrio, é paz
E eu aqui te aguardo
Te guardo sempre
Dentro do meu coração!

TEM COISA

Tem coisa que não se explica, se sente
E bons sentimentos são inerentes ao nosso espírito
Amor Ágape, amor Eros ou Amor
Tem coisa que não se explica, se sente
Nasce em nosso espírito sedento de amor
E será colocado como a vida nos permitir
Quero sua amizade sempre
Pois é amável, linda e generosa!

MUDANÇAS

Sai Maria, sai João
Sai mudança, sai enterro
Sai o Zé adormecido

Guarda-roupas e armários
Sai o corpo entre flores, sem sorriso.
Sai restos de sonhos entre mãos a carregar
Sai livros, jornais velhos, papéis escritos
Cama quebrada, berço sem colchão
Sai a criança e a criação
Cão na corrente, passarinho na gaiola
Móveis imóveis a contar histórias
Sai o fim e olha a casa nova
Casa calhada, estranha, fria e silenciosa
Sai maria e João
Atrás um cordão a lamentar
É o adeus!

PEREGRINA

Eu ando pela rua a esmo
Pés na terra, cabeça na lua
Eu ando pela rua
Plantei minha vida
No universo da minha cabeça
Não pareço gente comum
Traço minha alegria
Nos caminhos que percorro
Em busca de saber
O que vim fazer aqui
Eu ando pela rua
Com a cabeça na lua
A terra que piso
É minha realidade
Mas quem sou eu?

Pareço com a dor
Sou alegria e até fantasia
Sou um pouco de tudo
Simplicidade e orgulho
Alcanço qualquer altura
Ou desço o último degrau de sabedoria
Eu ando pela rua
Com a cabeça na lua
Até achar o que procuro
Nos minutos de uma vida peregrina.

PEDRA BRUTA

Pedra bruta saída do barro
Pedra ou barro saído do pó
Pedra transformada em diamante
Mas pedra bruta pura
Valor em ser apenas diamante
Guardada no solo
Encanto do ambicioso
A olhar sem querer
Pedra guardada na poeira, nunca joia
Ofusca olhares, inquieta e atrai
Intocável se torna em seu brilho
Diamante bruto sem o calor
Do corpo que a deseja
Somente pedra bruta
Não joia dos vaidosos
Solitária, brilha!

DISTANTE DA DOR

Tenho hoje apenas a mim
E sei que te ver, amor
Será sempre a sonhar
Tenho agora meu chão
Meu lar, meu momento não
Meu mergulho profundo a me afogar
Sei que hoje tenho a dura realidade
Meu tempo olhando dentro
Dentro de cada sentimento
Este tão vago, tão distante
Como na beira de um rio a se banhar
Hoje vivo a te olhar de longe
A te querer distante
Distante do prazer
Que faz hoje doer
Distante da dor
Que me mostrou você
Não o que idealizei
Mas tão só dura verdade
Jamais amor em um de nós dois, foi!

VENTO

Que passou e levou você
Vento que passou e levou tristeza
Levou também meu abraço
Ao redor do seu corpo
Levou também seu sorriso de amor
Seu olhar de ternura, sua vontade de me amar

Vento frio ou vento fresco
Desponta de vez em quando atrás de mim
Como se quisesse me abraçar por ti
Ah, vento que balançou meu coração
Que me fez acreditar no amor
Que me faz respirar para viver
Vento que agora está contigo
Quem sabe em alguma varanda
Abraçado em seus ideais
A beijar quem sabe alguém diplomada
Não a mim que simples sou como o vento
Que não segura quadros em paredes
Que leva é por natureza
Vento que balança minha cabeça e meus cabelos
Que vai lá agora dizer num sopro suave
À sua lembrança como foi bom te envolver
Ainda que num relance de um olhar
No momento de coragem
E no acordar pra realidade
Soprou vida em mim!

SOLITÁRIA

Tão pequena e encolhida
Num canto a encontrar minha dor
Num clarear posso ver o que sou
Solitária em paz, só e convicta
A casa cheia é só do lado
Vizinhos amados, gritos de mãe
Vozes de crianças; feliz família
Invenção do acaso, porém

Todos a tem amado
Hoje vejo, sou diferente
Tão querida e tão só
Tão falada e tão sem par
Par pra quê? Para gritos viver?
Para sonhos matar? Para liberdade perder?
Hoje somos vivos sem sermos felizes.
Sou como ave a voar, sementes a buscar
Da chuva entre as folhas esconder
Tudo depende de um olhar
Ou vejo tudo escuro e perdido
Ou passo a vida correndo até o sol.

PERDIDA

Eu me agarro em algo
Que me possa apoiar
Como se dentro guardasse
Medos do abandono que há
Eu me mostro forte por fora
Quando lá dentro apenas choro
Me vejo perdida e sem casa
Sem pai, sem amigos
Sem irmãos e sem marido
Me acostumei a viver solta
Como se fosse uma folha seca
Vendo que existo pra ser
Adubo pra outro ser
Me vejo hoje sem rumo
Quero meu lar construir
Ser uma senhora que

Acena ao que passa dizendo
Serei esta que mora aqui
Nos meus sonhos ocultos
Vivi doces horas de esperança
De que o amor viria pra mim
Amei e fui amada
Por tantos que como a mim
Vagavam perdidos
E como dois cegos não se veem
Na confusa vida que perdi
Mas eu creio no amanhã que virá
Dizendo que o tempo chegou
E tudo o que vivi até hoje
Deu para pagar os erros que cometi
Mas o sim hoje é meu guia
Jamais aceito o não agora
E vejo como realidade
Nós dois pelo mundo afora!

SEI

Que tudo passa, que tudo acaba
Sei que perco o tempo, corro em vão
Sinto sem te ver
Sei que tudo é ilusão, é frustração
Choro, mas não de te perder
Mas sim de te encontrar
Perdido e sem coragem de amar
Vivo assim mesmo sabendo
Que eu irei me machucar
Que eu irei me magoar mais uma vez

Eu vivo de espera em vão
Espera que jamais você terá meu coração
Pois, que de tanto ver a vida como é
Aprendi a não sofrer
Hoje sou sedutora
Abro meu coração
E deixo a porta aberta
Para que você ou quem me ferir
Saia de uma vez, ou então
Plante lá uma flor
E espere ela se abrir pra você!

LINDO

Como um pássaro que voa
Frágil como uma flor do campo
Belo como a alma de um poeta
Triste como uma criança pedindo:
Abraça-me
No teu olhar vejo querer
No teu falar, verdades
Na tua realidade, dor
Dor de ser, dor de não poder
Dor de querer, dor de não achar
Nos meus olhos tão iguais aos teus
Eu me vejo sem juízo
Sem coragem de dizer quero
Mas com o brilho e a ternura
De quem já está encantada
Lindo e frágil como vulcão dentro do peito
E com a verdade que já nem sei

Só apenas resta ter coragem
De encarar a Cristo e dizer
Te quero, me aceite tal qual eu serei.

MEU ANJO

Que voa a caminhar
Em busca do seu desejo.
Meu anjo, o que será que sou para você?
Sinto o vento de sua presença
Passar solto como és
Sinto seu silêncio a me dizer: Espere
Mas sinto que nada posso fazer
Para te ter, só mesmo a tua doce vontade
Ao me ver te trará para mim
Mas como, se o tempo e a distância
Te apagam meu rosto, meu olhar encantado
Meu desejo escancarado?
Meu anjo iluminado
Acho que agora só Deus e o milagre
Te trará para meus braços
Já aceitei que meu caminho
Será buscar apenas
E tudo o que é maior
E melhor que anjo
Sim, servir a Jesus
Com o meu coração cheio de amor.
Aquele que eu vi em tantos
Mas que nada mais era
Que meu rosto refletido no seu!

DESEJO

Ontem percebi seu jeito
Senti que me quer só no olhar
Me deseja só no pensar
Sente prazer de me ver
Sofrer só por você.
Te esperar até cansar
Sonhar até acordar
Tudo isto vive apenas
Na mulher que escute
Tão somente a idealizar!

MULHER

Na alegria, na frieza
De uma frase mal entendida
No amor desejado e também doado
Sou mulher
Assim seremos
Mulher desta época
Mulher do princípio e do fim
Mulher sadia
Mulher vadia
Mulher coragem
Sem explicação
Surgiram tantas se descobrindo
Se alimentando de sonhos
Tentando transformar a luta em ideais
E achar um sentido pra viver
Com o valor de uma simples
Mulher!

AMOR DE OLHAR

Ele que mora na minha alma
Que vive no meu pensar
Ele que no meu olhar
Vida trás, no coração solidão
Que no meu silêncio
Dor e saudade sinto
Desilusão não cabe em mim
Por seus sinais sigo
Dúvidas machucam meu sonho
Sim, sonho é o que tem
Sido o meu querer
Paro e penso
Como pode o amor
Andar tão na superfície
Mas em mim
Só apenas dentro
Assim aprendi desde cedo
O amor de alma ter
Se a pele fria está
Por falta das tuas mãos a tocar
Amor de olhares
São janelas de almas vazias
E a bela que nela debruçar
Na espera vã, chorará
No entanto, nunca houve amor maior
Que o do nosso infinito olhar
Que aos poucos se fecham cansados
No adeus de uma escolha
Choro agora até te ver
Quem sabe nunca mais

Pois eu escolhi cuidar
Da minha menina triste lá dentro
Sem deixá-la na janela da alma pedir
Me ama com teu apenas olhar!

ÁGUIA

Quero voar
Mas onde irei pousar?
Quero correr
Onde irei parar?
Quero chorar
Secaram-se as lágrimas
Preciso me achar feliz
Neste tempo talvez impossível
Misturam-se meus sentimentos
Incertezas invadem meu ser
Inútil vivo eu para o mundo
Descobri o prazer
Nesta forma de escrever
Até que eu possa achar meu rumo certo!

SOU ASSIM

Sou isto, sou a dor
Saudade e amor
Sou a luz para aquele que
Busca abrigar-se ao ver-se perdido
Treva no caminho do ambicioso
Sou pura fantasia dentro da realidade

Sou tudo que a natureza invade
Seu rosto expressado impondo respeito
Sou peito frágil
Como puro cristal
Lágrimas da dor de um mundo
Sou guerra de amor
Profetizando vida, coragem
Sou a vida brincando com a arte, emoção
Observo, estudo a vida
E sinto, choro, crio
E o vazio enfeita a poesia
Sou isto, vivo feliz!

REPETIDA ESCOLHA

Sementinha que um dia nasceu
Da mãe sentida se fez doce
Perdida e esperançosa
A brotar entre arbustos sempre
E no desencanto flor se fez
Lá no penhasco alçou voos altos
Mas lindamente a voar
Espinhos nos pés ao seu pouso suave
Triste destino começa na escolha de Deus
Quando à terra que lançada foi
Te torna frágil
Ambiciosos, agourentos
São seus mais fortes desejos
Primeiro o pai e assim todos iguais
Homens duros de coração mole
Cabeça que luta com seus loucos

Momentos de solidão
Semente que deste venho
E tudo se torna sempre desilusão
Que o Pai das luzes nos proteja
Desses que de tanta admiração
Odeiam as rosas
Que são a própria expressão
Do maior motivo de amar.

DESENCANTO

Do amor que eu quis um dia
Só lembranças guardarei
Construí castelos vazios e perdidos
Caminhei dias, anos a perdoar
Fiz desta busca um sentido de vida
Do amor só retirei tudo que resta
De uma mulher desiludida
O choro que meu travesseiro escutou tantas noites
Jamais ombro algum se estendeu ao amparo
Nos bares eu via a garrafa companheira
Acariciando a alma do sonhador insistente
Seus dias tristes ela fazia cheio de cores
Feito lâmpadas variadas
Que como desejo do amor
Acaba numa alucinação e apaga
Deixei tudo que não me deram
E fiquei na janela a olhar a cidade
Vi tanta coisa presa na terra
Casas, árvores e arranha-céus
E uma serra cercando a cidade

Pessoas de olhar doce e palavras duras
Gente boa, gente má
Um mundo tão grande
E eu como um grão de areia perdido
Derramei lágrimas de amor
Olhei pro céu e roguei a Deus por mais um dia de vida
À espera do tempo da minha vitória!

CAMINHOS

Perdida foi ao não poder ser
Aquilo que realmente é, livre
Outros caminhos me ensinaram
Caminhos de gente que finge ser
Mas acreditaram nos seus desejos, não ser
Agora vejo que caminhos são tantos
Mas só um caminho há de verdade
Aquele tão confuso e cheio de dúvidas
Esse caminho eu sei que existe
Para cada um na sua fé ou crença
Mas para mim que descobri
Desde cedo que estou só
Este caminho é apenas seguir meu interior
Onde sei que mora Deus!

VIDA LOUCA

Vida louca, louca vida
Assim vivo, louca
Para amar perco o rumo

Olho o que sinto
Não vejo alegria
Paro a pensar nesta vida louca
Tão comum, inexplicável em alguns
Perdi a noção do não
Esperança é meu ar
Vida louca, dias infinitos
Sonhos claros, dedos apontam
E vivo esta rotina de amar a vida
De desejos contidos, frustrações amargas
A fortalecer esta tola vida
Assim é a vida sem vida
De quem vive sem poder amar!

ELE

Que fechado em seu tormento, chora
Que endurecido se fez de momentos de nãos
Que nada como a natureza
Se abrindo a verdade do seu desejo
Se achando nele, seu homem livre se encontrando
Ele que sentiu minha dor
Que ainda rude seu peito tocou
Como o olhar de um sofredor
Ele que vive perdido
Que sem lar caminha
Sem pouso vive a voar
Ele que o espírito se expande
Que brechas mostra de tanto amor
Que inimigos nele jogaram seu mal de tantos anseios
Ele que forte e capaz

se tornou alvo da cobiça de tantos
Que o desejo de tê-lo o sufocou
Ele que eu hoje liberto
Crendo que sou tão capaz de ser
Assim como ele!

MEU ABISMO

É meu amor, é meu céu
É meu doce no peito
É meu chão duro
Meu sonho mal
É meu existir por existir
Meu abismo é meu desejo
É meu amar
É meu olhar no teu olhar
Meu abismo é te querer
É me perder e me encontrar
Meu abismo é voar
No querer dos teus abraços
No acordar entre teus beijos
E no ouvir das tuas canções apaixonadas
É caminhar até te achar
E ver que não te vi
É subir escadas para chorar
A doce ilusão perdida
É olhar seu rosto endurecido e pedir
Me ame como este teu sorriso
É sentir que tudo logo, tudo irá passar
Meu abismo é buscar Deus
E achar a rejeição

Nos olhares indiferentes
É olhar a crueldade nas palavras do que diz:
Amar é pecado, deixar quem não se ama é condenação
Meu abismo é viver só e não ter como sonhar
É te abandonar quando quero
É teu querer, é abrir mão do meu desejo de ser feliz
E concluir que me enganei
Tudo passou por mim
E ficou só em você
Apenas o que foi verdade
O amor que eu te dei!

FALAR COM DEUS

Eu só queria falar com Deus
De um jeito que ninguém viu
Falar pra quê?
Calar a voz
Se o grito do mundo
Se perde no vazio da natureza
Oh, Deus que me fizestes tão confusa
Como a vida que me destes
Ouve a voz do mundo através de mim
Que sou um pouco de cada um
Onde o pecado já não é maldito
E o grito é o pranto
Que tanto desejei não chorar
É a estrada possível que encontrei
O que é pecado, se vivo como consigo?
Há tanta gente lá fora perdida
E eu olho todas em mim

Feito espelho no sol
É assim viver hoje
Sonhar já não posso mais
Não podemos
Lá fora as crianças
Já não são mais livres
Onde achar as mães de colo quente?
Mas elas, crianças vivem, sobrevivem
E eu vejo, Deus, todas serem podadas
E o mundo se torna cinza
Nos olhos delas
E eu choro por todas nós
Perdoe-nos por ser tão só
Te imploro!

DEPENDENTE

Sou dependente da casa em movimento
Assim cresci ouvindo barulho
Da vasilha batendo na cozinha
Sou dependente de passos
Ainda que endurecidos
Tudo começou ainda no berço
Creio eu que já nasci assim
Sou agora de meia idade
E vejo quão vazia sinto a vida
De que valem as pessoas na casa
Se não me dão sorrisos?
Sou a mais forte solitária mulher
Que já conheci
Agora nos cantos da casa

Preencho meu vazio
Apenas no olhar de outros
Sigo teimosa
Sou guerreira de meu próprio conflito
Creio existir remédio para o mal do meu vazio
Mas sou um vaso à espera de flores
E assim eu vim para existir
Sou dependente do maldoso que se enfada de mim
Quero ser liberta sim
Meu Jesus seja comigo
Viva em mim
Exista em meu viver
Em nome de Deus Pai,
Deus Filho e Deus Espírito Santo!

RETRATO

Te vejo sorrindo num retrato
Te olho como nos velhos tempos
Teus olhos sóbrios já estavam
Seu sorriso forçado era
Tua história foi escrita junto da minha
E eu chorava com seus urros
Te queria livrar das lágrimas
Mas hoje choro sozinha
Eu fiquei e você partiu
Sua dor te libertou
E eu não sei onde vives agora
Só sei que onde sua coragem me pôs
Aqui estou agora
Se há anjos e céu te peço

Olhe por esta que te quer em paz
Mas que o mundo dos frios de coração
Seja vencido por aquele que é maior que tudo!

TE QUERO SOLIDÃO SABER

Já dizia o poeta
A solidão é fera que devora, apavora
Mas é também alguém que não vem
É o obstáculo entre os homens confusos
A solidão é aquela que dói fundo
Mas faz crescer
É a ponte entre um abismo
Que nos leva à certeza do poder
Da força oculta em nós
Nascemos, sós morremos
E o nosso maior momento
Passamos a vida correndo
Mendigando alguém para nós
Fugindo da solidão que
Um dia alguém falou ser má
Mas é a única companheira
Que não engana quando vai embora
Porque deixa a realidade
De que somos capazes, independentes
A solidão é momento que só os fortes
Sabem viver, apreciar
Construir depois da dor
A certeza de que vale a pena
Viver cada momento
Esperando passar e deixar para trás

Bons e maus tempos
Se houvesse união, compreensão
Poderia ela não existir
Mas tudo na vida se explica
A solidão é o castigo
É o momento de reflexão
Que todo vivente precisa saber viver
Para entender o amor sem escravidão
O amor é livre, forte, suave
Independente, suficiente
O amor não é dor!

NESTA HORA

Que de tão parada durmo
Paro de pensar, busco a Deus
Penso, é ele sim em mim
Como fumaça respiro quieta
E como num aceitar lá fora
O barulho dos que odeiam
No entanto, eu nesta hora
Respiro, suspiro, fico parada
Nesta hora
A esperar o próximo momento
Que eu espero ir
Até que minhas forças deixarem!

REAL

Sinto que já não espero teu sim

Que por onde fui não te vi
Esperei teu sorriso ao passar
Tuas corridas no caminho meu
Hoje sem teu amor sou dura realidade
Olho apenas o que existe ao meu redor
Vejo que você não quer passar por mim
Sonhei tê-lo como anjo perfeito
Mas engano sim foi teu ser pra mim
Sei que dói este momento real
Mas vejo que sou sim
capaz de atrair sonhadores prisioneiros
Que em suas gaiolas
Cantam tristes ao me ver passar
Como se eu fosse a fada encantada
Que os irá soltar!

DESCOBERTA

Conto meus dias a palmos
Levo minha dor a minutos
Se choro, transbordo, esvazio, espero
Arranjo motivo pra continuar a caminhada
Eu vivo as minhas fantasias
Mesmo conhecendo a minha realidade
Faço do sonho uma fuga
Da realidade, uma força
E assim eu vou vivendo
Sem olhar o certo ou errado
É isso a forma mágica da vida
Sou tudo, vivo tudo e não sou nada
As minhas lágrimas falam por mim
Só que eu não quero chorar agora!

SÓ COMIGO

Só comigo, só sem sentido
Consciente de tão ligada,
De tão precisada
Na vida com quem é só dor
Dor de existir apenas
Mas sem ninguém, dor também
Apenas os instantes de esperança
De ter-te, de ver-te,
De alcançar-te em meu viver
Quem seria? Não sei
Alguém que de Deus vier
Do mundo, jamais
Sonhos de amores são de que a vida
É como queremos
Mas não, ela segue como é
Como tem de ser
Com todos no seu querer
Nunca o seu é o meu
Mas enfim, vive-se de poucas
E possíveis alegrias
Muito a agradecer ainda
Sou feliz assim, sem ninguém
Que me faça doer o espírito!

TEMPO

Madura e pronta, presa e só
Parada espera, caminhada será
Cada ida, cada olhar, cada espera, cada não

Madura e segura, cheia de amor
No coração, amor de amiga
De mãe, de filha, de mulher que quer
Sem ter, com tantos a querer
Criança sentida marcada pelo não
Braços abertos, sonhos acordados, lábios sedentos
Anos a fio, tempo cruel que corre
Que passa e deixa-me sem graça
Sem teu amor
Hoje sou apenas resto do que vivo
Aceito, espero, tendo-o em mim
Nas lembranças e nas emoções delas
Sem chorar vejo teu olhar
Teu abraço e teu sentir doído
Teu correr sofrido e tua ânsia
De amar contido
Mas madura como Deus
No peito sou puro amor
Puro querer sofrido!

A VIAGEM

A viagem é a vida
A chegada, a partida
Vida, mergulho nos dias
Que se passam
Aventuras a cada minuto
Caminhos desconhecidos
Descobertas no incerto
Dores e buscas
Agonia do externo

Invade a máquina viva
A viagem é a vida
É a chegada
O fechar dos olhos
Ao eterno sono
A viagem é a chegada
Frente ao desconhecido
É busca da felicidade
A vida caminha
Perdida em cada ser
Momentos, até o dia final!

POR HORA

Por hora é só dores e só choro
É só marcas que o tempo apaga
Por hora é só ilusão, é só fantasia
É só chuva, é solidão
Por enquanto eu só cresço
Ao longo do caminho
Que parei de andar
De correr, de chorar
Em tudo ficam marcas, lembranças
Mudanças que o tempo deixa para trás
E nisto vamos seguindo
Colhendo os lírios que não plantamos
Assim, enquanto há vida, vamos
Até quem sabe achar a arca do tesouro
Este que almejamos em amor
Em proezas, em sorrisos, em abraços
Por hora é só adeus, é só medo, é só cuidado

Apenas o que aprendeu, o que se viveu
E o que ainda iremos viver. Quem sabe?!

ABANDONO

Dores que não quero
Mas dores que me vêm
Como um temporal
Dores que nunca pensei sentir
Mas dores de falsa ilusão
Tempo de grandes acertos tão necessários
Se torna cegueira de uma doce vida
No entanto, nunca houve noite
Que impedisse o sol de aparecer
Ai de mim agora e sorrisos um dia darei
Como imaginar quem sou
Se no outro olhar não me fiz mulher
Como tudo na vida é de cada um
Vou em busca do meu valor
Este que se perdeu na frieza
De um caráter duvidoso
Só vejo no casamento desilusão
Falsas horas de alegria
Me perco em dor de ingratidão!

FANTASIEI

Já não quero dor
Já não sei quem sou
Se esperança ou amargor

Já te vejo tão longe, tão como é
Hoje, aqui solidão é calmaria
Amor e apenas ilusão
Já nem sei se te olhei
Se te criei, se te fantasiei
Amor que descobri em mim
Nos meus doces momentos
Nos teus duros sentimentos
Ou quem dera fosse eu
E você um só prazer, um só desejo
Um apenas e claro sentimento
Mas vejo você hoje, agora e amanhã
Exatamente como te amei
Frio e distante!

LAMENTO

Ai que duras penas suporto
O meu perdido querer
Nesta vida desvairada
Sem querer saber o porquê
Até que a vida me suporte
Vou vivendo por viver
Esta vida tão perdida
À espera de um porquê
Se viver só me maltrata
Caminhando sem rumo levo
O desejo de saber
A magia de um momento
Que se esgota num prazer.

VAGANDO

Pelas ruas de um centro andava a louca
Que acordava diante do barulho de carros e firmas
Já estava ela perdida frente a sua realidade triste
Seus pés mais pareciam as feridas que pele
Suas lágrimas se misturavam com seus gemidos de dor
Pedia socorro inutilmente
O povo que passava
Ignorava o tamanho daquela aflição
Não dava para qualquer mente pequena
Sentir o tamanho da confusa situação que ela vivia
Doença, fome, solidão e tormento se misturavam num triste vagar
Sem expressar com palavras sua tortura, dizia coisas sem nexo
Caminhou sem rumo até o fim da rua
E os de vida feliz continuaram suas compras!

EXATAMENTE

Sim, fui exatamente como pude
Exatamente como consegui
Sabiamente como recebi de Deus
Fui sim o que dei conta
O que desejei, o que mereci
O que meu Deus me deu
Fora as derrotas que vieram
Sou serva de meu Jesus
Meu Rei!
Príncipe da paz
Fonte de luz
Caminho de amor
Amparo na dor

Força ao fraco
Sabedoria ao perdido
Sim, sou filha rebelde
Em lição de amor
Na força de seu poder.
No amparo do Senhor
Fui e serei
O que dá pra ser!

TRÊS AMORES

Olhos de águia
Olhos de dor
Olhos de anjo
Voz de medo
Voz sufocada
Voz de céu
Atos de menino
Atos de rapaz
Atos de desejo
Amor adolescente
Amor rebelde
Amor de Deus
Atitude de anjo solto
Atitude de louco apaixonado
Atitude de homem
Pés no chão
Pés na ilusão
Pés na estrada
Amores vãos
Amores nãos
Amores sim!

AMO, E VOCÊ?

Cada vez que o amor me acha
Me faz chorar
Cada dia que você me olha
Me faz sorrir
Seres humanos, tão desumanos
Se ao te olhar passo a amar
Pra que viver só?
Fechados em fel no coração
Viveram os que se acham livres
Pois que a prisão do amor
Só traz vida, esperança
E o porquê de viver
Mas seres tão fechados
E amargos, existem
Medo de precisar
De estender a mão
De pedir, de julgar-se nada
Coragem de ser endurecido e só
Egoístas e cheios de tudo
Menos daquele ser que habita
Todo ser que sabe num sorriso
Dizer: Eu te amo, e você?

DIA FELIZ

Hoje te reconheci me amando
Como nos sonhos que um dia tive
Vi seus olhos tão fixos nos meus
Como nos meus anseios, quis

Hoje eu te senti junto a mim
Como nos meus dias de esperanças, vi
E nas suas poucas palavras
Pude ouvir que não seria a solidão meu fim
Sou tão sofrida criatura
Que já não quero me iludir
E no fundo de minha alma
Deixo uma pergunta
Será que estou sonhando oura vez?
Quero aprender a ser só
Porque assim posso não me iludir e sofrer
Mas deixo dentro dos meus dias tristes
A lembrança do seu olhar
E as palavras que me lançou
Não, você não irá ficar só!

DESPEDIDA

Se te envio ao pai
É porque te quero o bem
Eu peço vai-te agora
Ainda que um dia
Me fizesse o bem
Nem seu nome eu sei
Não sei se me amou também
Pelo que de mim saía
Posso saber que não era
De todo mal
Mas se impedia a minha felicidade
Posso dizer claramente
Que tua morada é lá no céu

Junto de anjos e Deus
Nada posso fazer por ti
Pois que meu ouvido
É da vida e não meu
Peço que vai-te ao Pai
Se entregue a Ele de vez
Ainda que a vida te fostes cara
Linda será também lá também.
Nosso viver é de dor
Quando não há amor
Pois que sabes do desengano
Me deixa, pois com
Com minha própria luz
Eu daqui te prometo oração
Mas peço: siga já teu destino
Sinto que vai levar parte
Do que foi em mim
Peça a Deus por nós dois
Anjo que de mim sai
Me deixa encontrar o amor
Seja feliz com Deus
Eu te quero ao lado do Pai!

AMO VOCÊ

Amo teu sorriso de amor reprimido
Amo teu olhar acolhedor ao sofrido
Amo teu pisar de buscar perdido
Gosto de seu rosto de bondade
De suas mãos delicadas e prontas
Da sua boca trêmula a querer

Do seu sentir a conter
Vivo a derramar prantos por ti
Pois que nesta vida cruel
Jamais pensei conhecer a luz
Além dos pássaros e das flores
Tão imenso encanto existir
Sonho te ver ainda
Mesmo que junto ao amor
A renúncia rodeia
Seguirei meu sentimento tão belo
Belo como todo teu ser!

PONDERAR

Pra quê?
Se no outro vejo querer
Ponderar por quê?
Se em mim só medo há
Mas ponderar sempre, sem exageros
Pois que se espera anos
Por um bom contato
Sorrisos, palavras, gestos
Enfim, beijos e abraços
Beijos, ainda que só leves
Abraços, nem que seja
De uma rapidez da despedida
Porém, já é algo
Mas é inevitável onde o tempo dirá
Se o amor é a prioridade em nós
Assim nascem relacionamentos maduros
Ou quem sabe, futuros

No entanto, o que existe em cada um
Só o tempo dirá
Mas por hora, o que se há de fazer
A não ser ponderar?!

ALGO

Preciso ter você
Sem que algo veja em meu ser
Preciso ser, apenas ser
No devaneio me perco
Achando que a mim irás querer
Algo preciso ser para ter você
Algo que brilha em teu olhar
Te faz tremer ao me ver
Se nasci nua e sem saber quem sou
Mas tu já me fazias como querias
Preciso tanto ser quem sou
Ora maravilhosa, ora comum
Comigo sem cores, sem amores
No canto do meu ser
No simples da vida
Como a folha da planta viva
Com flores, solitária nos galhos
Será no chão seu ciclo
Assim completa sua existência inútil
Mas sem ela somos quase nada
Precisa na hora que nasce
Humildemente sem pedir me aceite, me ame.
Apenas existe, sem o olhar meu ou seu
Lá está desde a hora que viveu

No broto de um galho
Me alimenta o ar sem querer nada além do sol
Sem alma, sem amigo, sem carinho
Apenas o sol a te cobrir e a mim também
Preciso ser quem sou, nada
Mas tudo para mim
Como a folha da árvore eu serei
Aquela que só queria ver
A beleza da simplicidade!

EXTREMOS

Luci Ana, Luci ela Ama
Às vezes Luci, às vezes Ana
Mas entre "ela" menina
Ela menina a olhar
Com olhos de alguém
Menina pura, menina ela
Menina Luci que ama
Ana que chama
Dois extremos
E ela a olhar
O teu olhar
O meu sentir
A vida veste a dor
E Ana só quer sorrir
Luci, força; Ana, doçura
E entre uma e outra
Momentos do alto
Uma luz que é ela
Luciana!

ELE PITU

Ele aqui
Eu nem sei se ele é só ele
Jamais pensei sem ele o que serei
Ele que eu quis hoje nem sei
Ele aqui e eu, nós dois
Que eu já nem sei
Se é só amizade, se é amor
Se é raiva, se é posse ou nada é
Eu já nem sei o que eu sei
Eu sem ele
Já nem sei se é amor
Agora tantos
Olhos e corpo
Sonhos e realidade
Se é querer, se é amor
Se é momento ou se é dor
Se é querer ou se é prazer.
Prazer que ele e eu
Aqui fico a olhar, a querer
E apenas desejar!

FIM DO AMOR

Como pedra que derrete em dor
Dor de conclusão, de frustração
Sei, amor que apenas foi dor
Encanto que dentro quebrou
Aos olhos do encanto passou e me levou
Paralisada mais em dor que amor

Como pedra que despedaça
Hoje sinto o amor
Ao passar por mim
Ainda dói seu perfume
Ainda treme meus olhos
Ainda chama tua pele
Teu cabelo e teu frio olhar
Mas a triste será bela tua despedida
Pois que poeira será a pedra que o vento irá soprar
Hoje pedra que foi teu amor
Amanhã, apenas poeira!

DESLUMBRE

Eu quero mesmo é ser feliz
Cobrindo meu corpo de luxo
E meu peito de amor
Eu quero mesmo é dar risada sem chorar
Pra mostrar que sou capaz
Eu acho a vida tão bela
Como as linhas do teu rosto
Eu quero mesmo é viver
Sem saber o que é sofrer de amor
Eu acredito que terei este desejo satisfeito
Pois nasci para vencer
Terei amor e com este amor
Serei nua sorridente coberta de luxo
Que só a felicidade sabe mostrar.

RAUL SEIXAS

Só me restou você
De onde nunca me verás
Mas suas cinzas flutuam sobre sua voz
Acalentando tantos como eu
Tão perdidos cheios de tanto
Sem palavras a dizer
Os de coração cheio
Você torna leve como seu canto
Sua verdade é a mais pura e sincera
Alcançando a nossa agonia
Chegando fundo nesse anseio
Só nos restou sua mágoa, sua profecia, sua coragem
E assim sem ter o poder de ver
Você está em cada coração
Com seu silêncio espera por nós
Assim será eterno até breve.

SER

Pareço ser louca
Mas digo o que penso
Sou vida na terra
Sou chuva, sou sol
Sou planta, sou bicho
Sou boa, sou má
Sou parte da natureza
Sou parte do rio
Se a vida me leva
Estou indo pro mar

Dizendo explico
Pra quê querer saber
Se disse o que penso
Por um momento viver
Da certeza do poder ser.

MEU UNIVERSO

Meu universo sou eu
Comigo faço
Construo
Desmancho
Amanheço
Anoiteço
Sonho
Assusto
Acordo
Prometo
Desfaço
Sigo
Finjo felicidade
Espero que a noite me acorde cruel.

DIFICULDADES E VITÓRIAS

Vivemos como todo vivente deste planeta
Com dissabores, com prazeres
Com dificuldades e vitórias
Não somos nada mais que simples insetos
A transitar para sermos lindos pássaros

Só alcançando a sabedoria suprema
A partir da vontade de melhorar dia a dia
De compreender, de aceitar, de saber viver
Sem julgar perdida uma falha
Ainda da tentativa de sobreviver.

SIMONE

Um dia escrevi estas palavras para minha filha
Eu tentei guardar só pra mim o amor que sinto por ela
Mas acho que nasci para dizer o que sinto
E mesmo que isto me faça frágil diante dela
Vou me orgulhar sempre de ser assim
Talvez se não o fosse
Jamais sairia de mim tanto amor!

ESTRELA PERDIDA

Se a loucura em mim existe
É como uma estrela que pisca no imenso universo
Assim como a brisa a molhar meus pés
Na madrugada fria da minha solidão
Me vejo no futuro
Perdida em minhas buscas
Encontrei poucos amores e tantas mágoas
Se a loucura vive a me rondar
Em cada dia de amarga agonia eu digo
Loucura não há se não há estrelas perdidas
A piscar no imenso céu
Ao sair do ventre materno

Olhei o mundo e chorei sem saber porquê
Assim tracei meu destino cruel
Lágrimas só saem dos que sabem porquê chorar
Se a loucura existe em mim por te fazer em ser
É como um céu coberto de estrelas
A brilhar o meu caminho!

LAMENTO

Se querendo amar, caminhos tracei
Nas horas amargas segui
A quantas tentativas inúteis vivi
Perto, tão perto me vi, clara e espontânea
Mas o amor não se acha no frio contato
Vivendo a doce ilusão perdi a noção da idade
Do tempo e do estrago
Figura atraente devo ser
Pois chamo a atenção
Mas só isso vivo
Mundo que vivi de coisas vãs
Loucura entre seus mais simples instantes
Ser normal e não se expandir nas emoções seguidas de ações
E o amor tão doce e agradável
Perde lugar para a distância e o vazio diário
Só, na estrada, dirige ele seu carro
Em olhos apenas nas importâncias
E o simples da vida perde lugar ao complicado
Por que, se assim é tão melhor?
Deitar em seu ombro, segurar a mão
Ouvir seu chamado é tão bom!
Por que não?

ALMA FERIDA

E hoje eu vago, vago, vago
Sem saber que a vida me quer sorrir
Como personagens dos filmes
Sou triste solitária e perdida de amor
E hoje eu choro, choro, choro
Apenas lá dentro
E fora sou fria, calada e sorridente
E amanhã não sei como será meu fim
Se alguém me dará seu amor
Ou se encolhida ficarei
A minha pele fala da minha alma ferida
E meus olhos, da minha dor!

EXPERIÊNCIA

Passos atrás
Pó que dos pés saíram, fica
Dores de amargas frustrações
Colho a síntese dos vários desperdícios
Passos lá, na fonte das experiências
Tudo mero acaso a ensinar
Passos que adiante sigo
Passos no espaço, sem tropeços agora sigo
Passos largos e tormentosos
Iluminaram como nuvem
Diante da possível chuva
Vejo os caminhos por onde passei
Sigo a meta, que é sol a brilhar
Na busca de mim mesma feliz prossigo

Lua que clareia e estrelas a enfeite da noite
Céu azul e vento fresco
É a vida bela, vida mais vida
Se não há dor de abandono
Cheiro bom, olhar doce, segurar das mãos
Passos no chão
Pés na terra e doce pensar
Buscar, querer, sonhar, amar
Tudo passos, caminhos, cegueira que buscamos achar
São os passos de uma experiente vida
Até quem sabe o teu final!

JESUS

O teu poder na minha vida
É como o sol que me aquece
É como o ar que eu respiro
É como as flores que admiro
É como o desabrochar das manhãs ensolaradas
O teu poder na minha vida
É como a luz que me ilumina
É como estrada que percorro
É como as montanhas que admiro
O teu falar no meu espírito
É como o som das mais lindas melodias
É como os pássaros que por mim passaram
É como o som das asas do condor no ar
A tua santa presença em minha vida
É como a esperança do paraíso em mim
É como sonho acordado, enfim
É como a paz eterna em mim

Só teu Santo Espírito eu quero possuir, Jesus
Teu suave conforto sentir
Caminhar firme, amar sempre
Te ter e te abraçar
Te amar eternamente!

PARA CIMA

Hoje me vejo no cume de uma alegria
Na espera de ser o que sinto de bem
Meus olhos só veem o bem
Onde meu Deus me abrigara no seu perdão
Cansei de ser perfeita
Cuidei da minha honra
E só tortos olhares recebi
Hoje eu pedi a Deus paz
No que eu possa vir a querer
Deixei de lado a abandonada
E coloquei minha altivez como sim
Levantei meus ombros
E abaixei meus olhos, sim
Para sentir meu chão
Peguei no colo a minha adolescente carente
Esperando a ensiná-la a nunca mais
Olhar o doce de longe
A dizer sempre quero
E você a mim também?
Se não, tchau
Sou por mim
Agora olho e escolho
Como fazem os fortes

Amar, só a quem vale
Assim!

PAPEL EM BRANCO

Chega o fim da alegria e do tormento
Meus passos tranquilos marcam meu rumo adiante
Até que enfim tudo acabou
Sinto dor no fundo da alma
A grande desilusão
Me faz o bem quem o mal me faz
Ao te amar pensei que a mim também amava
Sinais e mais sinais indicavam conflitos no ar
A tortura foi como a espera do último suspiro
Chega agora o fim do olhar de anjo
A máscara caiu
Tudo tão simples e claro
O amor mascara os falsos
Na esperança de existir neles
Pouco consegue
Chega o fim da primavera
As flores murcharam de tanto a chuva cair
A tempestade foi forte e o sol ardente
Eu na caminhada
Observava molhada e com frio
O sol despontar
Enfim cheguei ao mais alto
E de lá caí
Estou recuperando as minhas feridas
Tudo bem, aprendi o caminho
Agora sei!

PÁSSARO SOU

Eu tenho o peito cheio de amor e dor
Passei a vida perdida no que sou
Quem a mim olha vê fineza de traços
Gestos e palavras doces
Porém, meu peito guarda
As migalhas de amores
Se o mundo fosse do bem
Meu coração se chamaria amor
Como tal é revirado pelo mal
Chamo meu coração de sofredor
Passei a vida buscando meu espaço de paz
Percebo que sou como um passarinho que voa alto
Faz seu ninho nos galhos de uma árvore
Toma sol e chuva de tempestade
E a simples mão de alguém
Tira-lhe a vida fácil
Percebo que o mal do homem puro
É o impuro homem
O mesmo que constrói o que há de melhor
Pisoteia seu próximo por sobrevivência
Quem diria que assim seria?

SONHO DE MENINA

Algo se quebrou nos olhos daquela menina
Saiu do fundo da alma
O amor que ela queria naquele dia
Criança de olhar doce
Braços abertos, mãos estendidas

Teus olhos verdes
Eu quis que me vissem
Seus passos firmes
Pisavam meu chão e meu espaço
E a criança feliz que o mundo criava
Apenas sonhava
Impossível que alguém
Soubesse do seu desejo
E a menina crescia de braços cruzados
Mas seu coração de tanto amar
Se fazia poeira como todo olhar
Que só vê o amor.

APENAS ISSO

O nosso amor é isso
Apenas isto, somente isso
Olhar teu rosto, sonhar beijar-te
Amar-te em mim
Querer-te agora, sempre e depois
Seguir teus passos
Deixar-te depois
O nosso amor é sonho
No vago da noite
Desejo que eu só vejo
No meu corpo e no coração
É só no agora, no aqui
Ali, lá no final
No que quero, no olhar
E nas canções
É só no aqui agora

Ou no amanhã
Que chora por ser adeus
Solidão, isso vejo
Saudade, isto sinto
Dor de amor predileto
Sendo assim
Este amor é isso
É olhar e te ter sem tocar
E querer sem esperar
É te amar sem te ter
Apenas isso
Desistir jamais, sonhar sim
Esperar sempre
Até quem sabe a hora
Em que o tempo de sorrir virá
Agora sei que o tempo é disso
É isso, tão somente esperar
Apenas ser isso
Uma mulher que escolhe viver
Apenas para amar!

QUERER-TE

Eu aqui pra quê?
Se em ti nada vejo
Eu aqui hoje, ontem
Amanhã não sei!
Eu lá não irei
Se em ti que eu quero
É sonho, ilusão
Minha dor é

O tempo que vencido foi
Para mim, menos para ele
Meu Deus!

APENAS AMO

Se te olho vejo o que sinto
Sinto amor, sinto teu olhar e o amo
Se vejo tua doce forma de ser
Eu o amo ainda mais
Ainda que a vida
Já nos tenha desenhado os caminhos
Eu olho teus olhos
Eu vejo tua alma e o amo
Ainda que eu não saiba o que sou
No teu sentir apenas o amo
Mesmo com todos os meus passos em falso
Mesmo com todos os que enxerguei
Nada vi além do que eu pensei existir
Mas ainda amo, apenas isto
Amo sem regras, sem culpas e sem futuro
Apenas amo!

DESILUSÃO

Sei de mim porque sinto
Te sinto, mas nada sei de ti
Apenas vejo teus olhos que olham
Teu corpo que fala frente ao meu
Sei de mim, e de você apenas vejo

Nada sei
Sei de mim
Do que sinto ao ver-te
Penso que sintonia há
Viajo no meu querer
Até sua voz penso ouvir
Pra mim que no devaneio
Da falta de amor creio
Tudo parece ser meu
O chão que eu piso
O banco que me sento
A música que ouço
E até o convite a Deus
Mas vejo e sinto
Cada passo de alguém que passa
No som da voz que cantas
Encanta dizendo a Deus
Olhai por nós aqui
E por ela, ela que sou eu
E tantas que assim buscam
A luz Divina e o amor que falta
Sei de mim e de outros
Só o que vejo
Já dizia quem sabe
Vale o que é feito
E falado, apenas agrados
Sabes bem como guiar sua vida
Todos fazem assim
Prioridade cada um tem sua
A meta final é do coração
Ainda que esse apegar-se há

Quem sabe em que será?
Eu vejo o que eu sou
O que eu guardo em mim
Sonhos, apenas sonhos
Pois que realidade se faz de atitudes
De nada posso com o outro
Se não ele também o desejar
Se a caminhada for a mesma
O desejo e a meta ainda assim
Terão também os preconceitos e os interesses
Também faltarão encaixe de aparência
Vida em comum, idade, momento exato
Enfim, sei apenas de mim
Do que eu sinto, penso e almejo
Por fim, vejo que é tão difícil ser feliz
Com o tão desejado alguém
Mas comigo, esta eu sei
Feliz sempre serei!

AMARGA DÚVIDA

Já não preciso dizer
Aquilo que não quis ver
Olhei o sonho
Esqueci de olhar você inteiro
Amores de superfície
São como feridas
Que a pele disfarça
Já não sei se conheço a vida
Esta que tão sábia se mostra
Só os que aqui transitam

Escondem seus mais profundos sentimentos
Deixa sair como fumaça de chaminé
Suas doces horas de amor
Mas queima como brasa sua ira
E o fogo que chamas exalam
Serão para quem ama
Apenas mistério para o teu sentir
Creio que projetamos
Nossos desejos nos outros
Basta um simples acenar de frontes
Para a ilusão entrar em cena
Serão dentro de sonhadores
Eternas dúvidas
Pois que sabemos de nós
E do outro apenas vemos
Morrerei sem entender o sentimento
Porque a vida se faz de apenas
Acasalamentos, já que os lindos
Romances só existem nas novelas.

SAUDADE

A tristeza tem a forma de uma bola
O mundo, às vezes, se iguala a ela
E é tão pequeno, às vezes
Ela mora em nós
Amantes da vida
Viajantes errantes
A tristeza tem a forma da cabeça
Que olha a vida lá fora
Pulsando em nosso peito

Nos domina e nos faz meninos
A saudade aperta cada vez
Que não te posso ver
E você caminha solto
No espaço de um imenso céu
Se aqui me vê já não sei
Mas te sinto vivo em mim
Nos dias frios o sol aquece
e desperta a alma triste
Eu que te amei tanto
Só te acho agora
Guardado pra sempre no silêncio
Te ver se tornou sonho
Como o verdadeiro amor
No entanto, o seu ideal prossegue
Sua raiz brota no outro lado
Da planta que alastra
Porque fomos nascidos
Desta mesma semente
E a tristeza enquanto pulsa
A vida continua
Até o dia em que explodir
E se tornar estrelas
No espaço a brilhar!

INSATISFEITA

Insatisfação é meu nome
Vivo da esperança de te achar
Felicidade é meu maior ideal
Sem saber se estou certa

Sigo a tropeçar nas minhas buscas
Insatisfeita nasci um dia
Pra buscar algo que espero existir
Perdida me vejo no que sou
Até que um dia em tempo de ser feliz
O vento me traga junto
Batendo em meu rosto
Invadindo meu corpo
Sarando minha alma
Eternamente!

OLHOS ABERTOS

Prazer de ser, prazer de viver
Assim viverei até meus olhos fecharem
Ainda que os inimigos
Se tornem mais fortes que minha grande alegria
Sentirei o doce gosto da vida
Vida alegre, mundo em que vivemos
De momentos bons e de inveja
Quanto maior for meu sorriso
Maior será a dor daqueles
Que me desejam triste
Sou feliz como uma plantinha que vive ao relento
Triste seria ela se fosse pisada por quem a dissesse amar
Como nasceu só e solitária vive
Verde e linda, cresce e floresce
As flores são como rios
E duram no tempo de suas alegrias
Assim que tristes ficarem
Se derramam no chão de onde vieram para sorrir

E no adeus deixa guardado no solo
Sua última esperança
Que em dias de chuvas era brotar
E a vida assim seu lindo ciclo recomeçar!

RETORNO

O final está no ar, está no aqui, está no agir
O final é teu corpo distante
E seus olhos fugindo dos meus
O outro dia é como lances de mudanças
É como tentativas vãs
O final é aquilo que está no ar
Que as circunstâncias mudaram ou não
Já se via no ar este final
Final que de dores repetidas se fez este amor
De esperas longas e sem atos de canseiras
De tolerantes esperas de que dirias amo-te
O final é aqui, está aqui e vejo sem coragem de olhar
E quero mesmo sabendo que nada verá
Mas o final é também o meu começo e o meu tormento
Minha espera de que enfim, chegou nosso final
É de felicidade juntos, Deus!

EU

Aqui moro eu
Se alguém não me conheceu
Basta viajar nas minhas palavras
Alguns viajam para o futuro esquecer

Outros vivem da lembrança
A vida é um eterno desencontro
Quem é que poderá dizer:
Sou feliz porque sou assim
Quando é que haverá certezas
Entre os homens desta terra?
Creio eu também estar certa do que digo hoje
E amanhã, acreditarei no que achei hoje
Se tudo estiver mudado?
A natureza nos conduzirá!

DÁDIVA (ÚLTIMO)

O que é a vida?
Uma cama não estendida
Um corpo com vida
Uma pura ilusão
O que é a vida?
Se não o sol que brilha lá fora
As flores que nascem
Sabendo que lindas
Tão pouco serão
O que é o sonho?
Se não imaginação
Porém, imagem em ação
Do ser que acredita
O que são pessoas ou anjos?
São sim quem estende a mão, sonha
Imagina, e na cama desarrumada
Viaja com as mãos, com o coração!

DESCOBERTA

Renascendo para uma nova vida
Achei em mim esta veia poética
Nesta primeira explosão de uma emoção
Comecei a escrever o que estava sentindo
Depois de quinze anos de sofrimento acabado
Na fragilidade dos meus primeiros passos
Pra uma nova vida
Eu simples como sempre fui
Comecei a escrever
Desde então fiz disto
A minha maior forma
De transformar a dor em arte
Sei que preciso muito
Aprender a expressar
No entanto, qualquer ser
Pode ser simples e sábio!

LUZ

Não sei como
De repente, sem destino
Sem querer
A vida me fez saber
Que havia dentro de mim
Uma poeta louca pra viver
Sem tempo
A espera do chamado
Sem contar a hora
De tudo terminar agora

Assim fez seus dias mais belos
Sua dor necessária
Tão triste a transformara
Talvez na mais feliz criatura
Sem tempo, sem nome
Será apenas eterna!

LEMBRANÇAS

Ai se eu tivesse a fórmula
Que certamente eu procuro
Pra na vida acertar
Os caminhos lá do fundo
Que os de fora tentam alcançar
Quem sabe precisa o menino
Que a gente tanto tenta anular
Seja o caminho ou o verdadeiro momento
Que a gente tanto faz chorar
Se fôssemos tão perfeitos
Sabíamos este menino sustentar
Só que esta noite eu sonhei
Com um amor impossível
Talvez impossível só pra mim
Aí, eu ri e chorei
Porque descobri
Que este era o início e o fim
Tchau, tchau, Guinho!

ANÁLISE

Os anos passam e a minha vida
Acompanha a evolução dos tempos
Sinto que já não sou mais
Aquela pessoa sem rumo
Muita coisa forte me aconteceu
Como se eu determinasse
E como se a minha mente alcançasse
A mais profunda forma
De conduzir os acontecimentos
Sei que nada é fruto do acaso
Assim como vim pra viver
Tanta coisa complicada
Sei também entender todas elas
Eu vejo o mundo, as pessoas
A atitude delas, analiso cada pequeno detalhe
E me vejo feliz e ao mesmo tempo
Responsável pelos meus atos
Sei agora viver o medo, a descrença
A solidão, a alegria, a morte, a vida
Olhando sempre como de uma janela
De um trem que passa e deixa pra trás tudo isto
E virão mais, sempre mais
Sei até do final, só não sei
Até quando saberei
Mas confio na simplicidade da vida
E força sempre há
Até para ver tudo acabado
Somos natureza!

MEU DEUS!

Nesta hora eu e a tua luz a me guiar
O meu caminho se abrir, minha dor afastar
Meu Senhor!
Agora sou eu e a minha própria vontade
Sem nada a querer, somente esperar
Que a tua vontade seja a minha
Que o teu decidir seja por mim decidido
Que o teu agir, naquele que será meu porto seguro
Se faça sempre pelo teu querer
Meu Pai, Senhor e Deus, seu Filho Jesus
Sua Mãe Maria e todos os Santos e Anjos
Arcanjos, Querubins e Serafins
Seja na minha vida, de minhas netas e filhos
Te peço, me guarde!

AMOR ÚNICO

Quando estou aqui, quero estar lá
Quando procuro você lá, nada encontro
A não ser a saudade
Se quero te encontrar
Só te acho na esperança quase perdida
Quando caminho pelas ruas
Sinto a tua ausência
Dentro de mim por instantes
À procura de afeto
Caminhei a vida inteira
Abri meus olhos assim que nasci
E procurei o amor de alguém, mas quem?

Assim passei a viver
Em cada parede fria
Sinto no peito vazio
Esta falta doer
Descobri no meu silêncio
Que se for aqui ou se for lá
Pelas ruas vazias ou movimentadas
Entre paredes frias ou salas enfeitadas
Apenas um modo de estar
Me faz feliz, ao teu lado
Quero pela vida passar
Sem grandes perdas
Se o amor que é meu bálsamo
Existir só por momentos
Que a solidão de quem não ama
Viva em mim como se fosse paz
Quisera eu ser a mais forte
Passar a vida de amores perdidos
Sorrir até quando tudo não me for possível
Mas sou feita de dor e saudade
Quando estou aqui, quero estar lá
Quando lá estou, quero voltar
Na verdade, o que procuro
Nem aqui e nem lá vou encontrar, eu sei
Quero que o tempo me traga a cura
Para o mal do amor cruel
E se um dia ele voltar
Eu creio e vejo seu beijo
Quero que de outra forma possa amar
Se é que o amor venha como bula
Seja remédio ou veneno

Só sei que o prazer que este causa
Ou me faz viver ou me atormenta
Amor dos desesperados é amor que só se acha
No amor maior, o único, o amor de Deus!

PRISIONEIRA

Falo o que penso
Às vezes penso e não falo
Estou perdida em dor de amor
Vivo dias de carma
Olho a vida que tenho
E não tenho alegria
Construí com meu jeito de pensar
O conforto do meu lar
Quem vive ao meu lado
Não me ama e não me liberta
Sou prisioneira de um capricho
Vivo dias infinitos de amargura
Por que viverei assim, por quê?
Querem minha alegria tirar
Meu espírito sabe o que deve pagar e suporta
Mesmo não sendo feliz como quero
Olho o mundo lindo que Deus criou
Há tanta coisa linda pra ser vista
As pessoas tentam roubar a felicidade
Tão difícil de conquistar
Tudo pura ilusão
Cada um é o que constrói
Deus, só Deus é nosso pai amoroso
E creio que ele vai me alegrar

Tenho fé no bem maior
E tudo que eu desejo terei
Vou ser feliz como mereço
Pagarei o preço, eu sei!

PRA ME EXPLICAR

Romântica sou e assim nasci
Choro amargas desilusões
Longe está minha realidade
Vista aos olhos dos outros
Sou romântica até no pisar
E todos não me veem
Tal como sou
Irritada, sensível, amarga
Talvez sou
Na procura do grande amor, prossigo
Entre esperanças e delírios
Desilusões constantes
A desmanchar meu castelo
E prossigo a caminhada
Análises explicam
Minha dor por instantes
Mas só a verdade explicará
Romântica nasci e morrerei
Solitária no que sou
Pois no mundo não há se quer
Um ser tal qual eu sou!

A VITÓRIA NO FINAL

A vitória, enfim, começa a dar
seus primeiros sinais
Já pude ver que resta apenas
A minha coragem de ver
Que tudo acabou
Deus lá de cima sabe por quê
E confiante nele, sigo
Quero o passado deixar pra trás
E lembranças só do ato rebelde
Que pratiquei
Mesmo querendo acertar, errei
Mas é assim a vida de um sonhador
Você chora, lastima por algo
Que não pode ter
Deus abre a guarda, você mergulha livre
E não sabe enfrentar perigos
Deus nosso destino traça
Só, descanso e espero o que me virá
A vitória começa a despontar
Estou viva e inteira
O tempo vai apagar este meu devaneio
Viverei para pedir perdão
E achar outra vez meu chão!

FRACASSOS

Me rondam, me oprimem, me desfalecem
Momentos de nãos, de olhar o chão
De pedir socorro, de esperar passar
Fracassos são fim de linha

Fim de amores, fim de iludir-se
De pedir, de não receber
Mas fracassos não são morte
Mas apenas pausa, vírgula
E não ponto final
Fracassos só existem no teu tempo
Na tua hora, e vai-se embora
Na hora que o sorriso acaba
Que o amor desfalece
Que o amigo se mostra inimigo
Ele, fracasso, retorna!

ANJO ME GUARDE

Meu anjo da guarda
Me livra desta hora
Em que o mal do outro me apavora
Me tirando a vontade de seguir
E me fazendo triste como outrora
Meu anjo da guarda
Servo do Deus maior
Guia meus passos
Me leva por caminhos de luz
Vá meu anjo
Até minha velha mãezinha
Aquela que sozinha chora
O abraço dos filhos, pede
O estar a seu lado sempre
Perdoa anjo da guarda
A minha falta de força
Os meus pecados de amor

As minhas idas erradas
Entrego meu anjo àquele amor
Guarda, ilumina e faz cheio de paz!

PAPEL NA VENTANIA

Solta como um papel na ventania
Assim é meu viver, livre, perdida, desgarrada
Loucamente é a vida constante
Assim meu corpo me leva
Solta de obrigadas carícias
Nos olhos do teu desejo, vibro
Sem saber da total carência
Mas sem pensar no que sentir, vivo
Livre, leve, como uma águia de penas gastas
Subo ao meu penhasco a toda dor
Sabendo que voo em vida
Com meu jeito de espírito
Sou como uma pomba sem ninho
Que põe seus ovos em calhas alheias
Ai quem me dera achar uma grande árvore
Para meu descanso final
Quero ser como o cedro forte fincado na terra dura
Inabalável se tornou de tantos anos no vento
Sentindo nascer do dia respirando o sol nas folhas
Dormindo no adeus e acordando no clarear do dia
Somente a chuva como alimento, tinha
Ah, como és forte como eu fui um dia!

Pois solta me fiz livre
Tão somente no íntimo da minha mente

Como papel na ventania
Irei encontrar a sorte que ronda os fortes
À espera da minha mudança
No quem sabe sorriso de quem me ama!

AMOR, O QUE É?

O que é você em mim?
Dor, desilusão, esperas em vão
Amor, o que é você no outro?
Sequidão, amarguras e nãos vazios e egoísmos
Viver pra apenas usar
Usar o outro, nada além
Amor, o que é você?
Onde vives? Como é tua forma?
Creio e sinto você em mim
No meu querer, no meu pensar
No meu até chegar
No sorriso da criança
No abrigo ao desamparado
No sim ao carente de afago
No sentir a vida linda
Nos raios de sol
Da primavera em flor
No querer do teu amor
No sonhar que ele existe sim
O meu redentor, Jesus
Puro amor!

TEMPESTADE

Meia hora é o tempo do tormento
Em que posso descansar
Se não há como fugir
Meia hora a mais
E alguns instantes de alívio
Até quando vou ter que sentir
O corpo tremer?
Já passa o tempo da esperança
Sinto que aos poucos
A realidade vai tomando
Todo meu sentimento
A dor que começa no pensar
Vai aos poucos diminuindo seu tempo
Não sei o que me espera daqui a pouco
E não posso saber como estás
Mais um dia e uma noite sombria
O sol clareia
E espero em vão que tudo
Não tenha passado de um engano
O silêncio indica falta de amor no ar
Como entender seu jeito de me amar?
Só a imaturidade explica!

JOGO DA VIDA

Sempre que sinto, aprendo
Sou dona de tudo que vivo
Sou peça do jogo da vida
Só sei que sou jogo vencido

Onde a sorte é um beija-flor
Que a gente anseia tocar
Sem esperar que a vida nos traga
O que de melhor tem pra dar
A vida é realidade
Que a gente tenta apagar
Se a gente não é o mais belo
Tem que tentar enfeitar
E saber que mesmo dura
É vivendo que aprendemos
Tudo que queremos dar!

FASES DE MARIANE

Tudo é fase...
Tudo é momento, tudo é tempo
Tudo é tormento, por um momento
Tudo é viagem perdida no tempo
Amargo da lembrança da infância não escolhida
Sem dias de sol na janela com flores nos olhos
O sábio existe só em nós, crianças
Que preso no egoísmo do adulto
Se perde à procura de si
É tão fácil, tudo é fase
E a viagem vai prosseguir
Os minutos deixam pra trás o lamento
O sol que eu olho me diz:
Se aquiete, chegamos
Somos eternos sábios, meninos aprendizes
E a viagem vai prosseguir com sol e chuva na janela
E o arco-íris colorindo em cima de nós!

VIDA

A morte está hoje tão distante
As noites já não são de susto
E medo como outrora
Eu olho a folha seca que cai
E a verde que fica
Já posso senti-las
Tão lindas em mim
O sol que aparece no mês de janeiro
Torra a terra que pisamos
E minha visão se diferencia
Sem angústia
É a vida falando mais alto
Eu penso, com saudade
Nos que partiram
Querendo sabê-los felizes
Eu quero ver a vida passar, bela
Sem gemido, sem remédio
Que nunca tira a dor
Do fundo do peito
Porque a vida
Só é vida com sorriso
Lágrimas, nunca
A morte deu um tempo pra mim
E me espera com certeza no futuro
Que eu espero ser um segundo
A dor do não poder mais olhar o sol brilhar
Como agora!

MOÇA LINDA

Naquela rua sombria vaga aquela moça linda

Naquela rua vazia anda aquela moça linda
Sozinha vaga a moça no clarear das luzes
A pisar no ar pensamentos voam
Os anos, passaram-se os dias
Naquela rua sem fim
Vaga solitária aquela moça linda
Somente o ruído dos passos
A noite deseja sorte
E a moça, anos caminha
No ar, a pergunta:
Que desejas mais tu, mulher?
E a moça caminha naquela rua
À espera da hora feliz
Naquela moça que passa
Sonhos, em cada esquina
Olhares vazios e o pedido a Deus:
Quando terás passos ao lado?

DESMISTURAR

Olhando as palavras de um texto
Percebi que também sou desligada para juntar palavras
Percebi ainda que tarde o quanto estou me separando
Acho que aprendi a viver esta verdade, tudo é desligado
Assim acostumei na vida
Resolvi desafiar minha capacidade de unir o que está distante de mim
A começar pelas palavras ou letras
No princípio me senti como uma criança ao pegar o lápis pela primeira vez
Vou observar se todos fazem isso deixando desligadas as letras
Talvez isso foi a forma autônoma de vida que aprendemos
No amor isso fica claro, pois temos que desmisturar do outro para não sofrer
Ou nos ligarmos como as letras e correr o risco de sofrermos e sermos felizes!

SOLIDÃO

Caramujo hoje eu sou
Mudei para dentro de mim
Achei a vida lá fora sem graça
Confusa de pessoas sem vida
Olhei flores e sorrisos tão belos
Que me atraiam
E perdida de ilusão
Eu queria só olhar a vida
Através de meus limites
Porque me apaixonei por tudo que vivi
Mas não vi a beleza em mim
Só pra olhar os seus encantos
No entanto, só chorei cada vez
Que saí a procura de sol pra me aquecer
Porque lá fora em meio a tantos senti frio
Todos se encolhiam em seus egoísmos
Eu vi pouco espaço
Tantos juntos e tão distantes
E eu a passear entre eles
Na esperança de achar graça
Na vida que Deus nos deu
Eu aprendi desde menina
A andar de mãos dadas
Só um povo unido constrói um mundo
No entanto, cada qual no seu canto
Caramujo somos, nos aquecemos de nós mesmos
Do amor solitário que guardamos em nós
Vamos sobrevivendo de uma pequena olhadela lá fora
E seremos, enquanto podemos
Donos do nosso pequeno mundo!

VIVER

É assim uma total loucura
Cenas que se perdem no decurso do dia
No clarear das manhãs
No cair das tardes frias
Luta feroz a buscar
O que é de cada um de nós
Ferindo alguns ao achar caminhos
Longos e desconhecidos
E espinhos nos galhos a cortar
No pisar triste do viajante sem rumo
A vida traça rumos estranhos
Sem saber se é levada pelo destino
A natureza se faz maior
Tudo mexe, cresce
Floresce, seca e cai
É o ciclo da vida a girar
Conduz a natureza
Que na sua rebeldia
Nos leva pra lá e pra cá
Sacudindo a cabeça tonta
Passa paisagem dos momentos
Como se fosse sonho
E como da janela de um trem
Olho rápido os dias
Que ficam lá atrás
Acordo e vejo tudo parado
Só eu que não sei como
Acompanhando a vida
Que me vem!

VIVER CANSADO

Meus olhos hoje são tristes e cansados
Refletidos no espelho
Vejo os meus cinquenta anos
Nítidos na pele enrugada
Em cada traço um desejo não realizado
Meus olhos úmidos e fundos
Traduzem todo meu viver cansado
Subo a rua de asfalto quente
E vejo pessoas no caminho
De pés quase descalços
Cada um no seu mundo, no seu dilema
E todos lutam pela vida
Talvez assim que tudo passar
Meus olhos voltem a brilhar descansados
Minha pele enrugada me fará mais bela
As pessoas de pés quase descalços
Continuarão a caminhar sem canseira
E quem sabe terei aprendido a me ver!

O AMOR É SEU TEMPO

O amor é seu tempo
No tempo de sua existência vive
O amor que nasce no olhar
Tem tempo de duração
Seu tempo já marcado na sua essência
Chega chamado e se instala
No entanto exigente é
Fica apenas onde é desejo

Cuidado, admiração e doçura
Por isso tão solitário
Vive nos corações dos poetas
Apenas estes são sua morada
O amor frágil não suporta a rejeição
Não permite a mágoa
Só os mansos de coração humilde e tolerante
São capazes de o ter hospedado em teu ser
O amor vaga por aí à procura de alguém
Aberto para ser sua casa!

MINHA META

Paz, felicidade é minha meta
Mas esta será como o sol
Que nos aquece sem que
Possamos alcançá-lo
Dentro de mim está tudo o que eu sou
As máscaras são minhas defesas
A dor que não irá me atingir a alma
Sou assim desde que nasci
Dividida em várias
Lutando com garras criadas
Não me condene oh, Deus,
Pelo pecado do amor sonhado!
Sou tua filha!

SOU VIDA

Serei o que sou

Terei o que posso
O que ela me der
Ela, a vida
Fria, realista, cruel
Acordada, dormindo, sonhando
Chorando ou sorrindo
Vida de quem pouco oferece
De quem nada pode
De quem tudo pede
E nada tem
Vida de quem é como é
Dá o que tem pra dar
Sonha o que anseia desejar
Sonhos criamos de que
Existe um Deus maior
Trazendo a força que não temos
E os anjos que nos guiam
E os olhares que amamos
Serei o que sou
O que ela, a vida me der
Se de dores, serei triste
Se amores, serei feliz
Se vazia, serei inútil
Se farta, serei grata
Se de sorrisos me acharem
Saibam que ela, a vida
Sorriu para mim
Me amou sem mágoa
Me mostrou que Ele
O Deus maior, lá está
Tão calado, tão distante

No entanto, cada pedaço de mim
Do meu ser, do meu pensar
Do meu sentir, do meu jeito
Tão perfeito de te amar!

LIVRE PENSAR

Trinta anos de sofrimento
E alguns a mais de conhecimento
Acho que sofrer é opcional
Pois sempre haverá saída
Ao alcance de nós há caminhos
Que eu prossigo sem atalhos
Nos tantos coices aprendo
Que a vida é dura e cheia de tormento
Parada como uma pedra presa
Suporto o sol, o vento e a chuva
Como tantas dores que já passei
Mas Cristo é meu conforto
Assim vivo por Ele a seguir
Quem sabe como um ser normal
Espero achar-te no meu interior como Deus
Vivo anos de uma pesada carga sobre os ombros
Ah, como é linda a vida
De uma insistente sonhadora!
Desse faz sua opção de vida
Alegro-me ao saber quem sou
Inteira e livre como um pássaro
Ainda que apenas no meu pensamento!

TERNURA

É te ver, pele clara, sorriso infantil
Teu surgir a mexer com meu sentir
Teu olhar a encontrar o meu mistério
Busco entender quão suave sentimento sem malícia
Com paz te vejo e tu a mim
Quero este suave momento eternizar e tu também
No entanto, são tantos os nãos da vida para nós
O rosto lindo de quem Deus te deu
Meu rosto triste, meu olhar na alma
A aliança que fiz com tudo
A coragem de transpor no fim
As regras de sua missão
E os nãos que carrego no coração
E na minha realidade!

MAR DE PAZ

Deitada no vazio da casa a pensar
Não é o lugar, mas a busca
De se achar graça
Graça na vida de sofrimento
No mar de paz eu viveria
Na casa sem conforto
E o barulho do movimento
Pensando em Deus eu passei horas
Da busca da inspiração divina
Achei um mar de paz
Esta que todo ser almeja
E ao achar se enfada

Mar de paz ou mar de dor?
Tudo na vida tem seu preço
E pago pelo pior, por quê?
Se na paz perturbo-me
A querer quem só me faz sofrer
Descobri que meu espírito é guerreiro
Vivo batalhas como quem luta pela sobrevivência
Lá naquele mar de paz eu descobri
Que não é o lugar, mas a circunstância
Que nos tira a paz
Esta que só existe no desejo
Pois, na verdade descobri que sofrer
É renascer a cada final
De uma constante luta
Em busca de paz!

ESTRELAS SOITÁRIAS

Mais uma vez te vejo só
Só como a mim
Só a brilhar no céu
Juntas são tantas
Enfeite da tampa
Somos assim, aqui sós
Juntos, sentidos e perdidos
Mas assim como as estrelas
A brilharem no céu escuro
Somos enfeite do criador
Como seria bom
Existir Sem sentimento
Sem dor, sem saudade

Mas olho os que se apagaram
Cansados se acabaram
Meio que neles eu me vejo
Maior que a dor, sou
E como elas, estrelas, viverei
Ainda entre tantos e tão só
No entanto, no firmamento
Persisto a brilhar!

MARIAS

Na peleja da vida andamos nós
Tirados do seu livre ser
Começam a nascer Marias
Em formas guerreiras sabendo
Esta vida passar
Deixando na estrada as penas
Que de um pássaro já fomos
Livres pra deixar voar nosso jeito de ser
Assim caminhamos na vida
Tentando ser passageiros
Mas a vida nos faz menos livres
Livres sem nos guiar
Mesmo sabendo que a força
É outra Maria em mim a me guardar
Vão sempre lembrar que fui ave
Ave Maria pássaro
Agora na gaiola da vida
Alguém conduzida sem poder chorar
Querendo e não podendo amar
Assim gira o mundo
Mundo de personagens reais

Assim gira o susto, o medo
A força, a luz
O que você quer de mim
De nós seremos
Porque isto é o que a vida nos dá!

SÓ

Quem dera a mim
Fosse dado o poder de estar só
Somente grudada em troncos espinhosos
Vivo a triste realidade que me resta
Um dia semente
Que jogada no ventre de uma mulher frágil
Assim tomei a forma me dividindo em várias
Crescendo no caminho não preparado
Que constante em renascer
A cada tropeço pergunto ao acaso
Quanto ainda viverei à espera de um desejo?
Só, em cada conclusão me vejo
Mas lá de fora me veem
Como altiva e sem dor!

DESTINO

Nasce a menina
Chora as mágoas que terá
Lá fora o sol brilha
A chuva aguarda
A noite espera
E ela cresce

E começa a olhar
A querer
Segue a lua
Aceita a revolta
Do tempo a mudar
Chega a moça esperançosa
De olhar cor de rosa
Pele a brilhar
Nos cachos dos seus cabelos
Os sonhos se realizam
No encanto do amor de alguém
Que a fará mulher
Na paixão se perdera e se fartara
Até outro amor encontrar
Assim a vida é para ela
Que um dia será história
A minha história e talvez
Capítulo da sua história perdida
Que se vai com o tempo
Pela novela da vida
Antes de se julgar
No direito de me julgar
Olhe-me só mais uma vez
Dê-me apenas mais um beijo
E só mais um e vá embora!

O RIO DE UM HOMEM SÓ

Assim como o rio, é o homem
Suas águas, seus peixes, seus galhos
Correm atrás do seu querer

Sem saber como e por quê
Seu destino é o mar
Se é perdido é também contido
De riquezas puras do nada
A noite escurece suas águas
O dia traz luz prateada
Alcançando a mais linda paisagem
No entanto, sua vontade é lei
E como todos, sabe ser livre
Com desenganos e violências
Clama a mãe natureza
O direito de ser só e feliz!

CORDÉLIA

Beija-me beija-flor
Beija-me com o beijo
Das suas falhas asas
Pousa na flor que eu sou
Repousa ainda que nada
Seja do seu agir
Beija-me beija-flor
Que lindo é teu pouso flutuante
De asas multicores
Mas tantas ilusões me fez
Assim é o amor pra mim
Eu, como uma flor
Que dou meu doce desejo
Me vejo sem teu eterno
E repleto ato de amor
Chega do alto sem pés

E nos galhos que eu sou
Beija com seu longo
E esquivo bico
Que é tua boca
No meio do meu existir te espero
Ah! como te quero pousado em mim
Mas se é por assim existir
Leve, solto, livre a beijar
Eu, como flor
Que feita para encantar
E doar meu doce existir
Beija-me beija-flor
Que sempre eu, como uma Cordélia
Vivo a esperar por ti!

DESENGANO

No caminho mil pensamentos
Dúvidas, sonhos desfeitos
Dores que exalam amargas horas confusas
No código de uma pergunta abre-se a ferida
Então vejo que fui e sou rejeitada e rejeito
Vejo nos olhares a confirmação daquilo que já sabia
Engano, desengano é minha dor
Quisera eu ser diferente
Acharia ao debruçar nas janelas antigas
O conforto da minha idade
Mas vivo a buscar o complemento da alma vazia
E como o amor é sintonia viajo só, no que sou
Ao longo dos trinta anos de um pseudo casamento
Descubro que jamais fui amada

Usada, talvez, amada nunca
Pois que o amor é o bem querer, o bem sentir
Não apenas prazer da posse
Mas enfim, há um criador acima de nós
Que tudo vê, tudo sabe, tudo muda
E tudo descansa um dia, espero!

RECOMEÇO

Tempo de dor, de recolhimento
De olhar pra mim
De ser minha própria alegria
Ainda que na dor
Tempo repetido de angústias passadas
De amores e dores
De sonhos terríveis
De silêncio e mágoa
Teimosos vivemos
A repetir erros
Na vã tentativa
De encontrar o amor
Mas o que é isso em nós?
Uma fuga? Um desejo?
Uma necessidade?
Já nem sei
Só sei que falta brilho na vida sem ele
Falta a cor, o doce, o porquê
Mas tenho que me recolher
Para então aceitar
A solidão já existente
Hoje já não posso mais

Aceitar sem sombra
Chega de me machucar
Quero entender por que me dou
A quem só me quer no olhar!

EM TUAS MÃOS

Lá estou em tuas mãos
Em teu medo, em tua surpresa
Hoje, eu em linhas
Em falas brandas
Em dores passadas
Em mágoas guardadas
Hoje, em tuas mãos
Eu corro teu passado
Teu sentimento
Mas não sei
Se eu hoje te tenho
Se te amo, se sou teu sonho
Ou se passei como um vento
Que soprou na tua janela
Hoje lá, você anjo
Eu mulher, aqui
A lembrar de um despertar
De um sonho!

NÃO SEI

Eu não sei se sou poeta
Eu não sei se sou apenas triste
Eu não sei se Deus me fez assim

Ou a vida é cruel pra mim
Ou se é a vida quem
Me fez sorrir e chorar por ti
Eu sei que sou uma guerreira
Passando por aqui
Sei que sou diferente
Passo os dias a esperar
Que meus desejos se realizem
Tudo que me fez sorrir
Me faz também sofrer
Talvez a vida é assim com todos
No entanto, cada qual sente sua dor
Só sei que a coisa mais bela da vida
É ver o sorriso no teu rosto
A paz no teu olhar
As mãos estendidas para abraçar!

SÓ POR ELE

Só, e em Deus
Nada por ti que nem conheço
Mas só por Ele, que na cruz morreu
Só é decisão, ainda que dor
Mas só é opção
Quanto de migalhas vivi
Te vi e te esperei
No fim, o adeus
Onde jaz seu grande querer?
Já deve ter se esvaído
Meu olhar no teu
Agora só, amanhã, não sei

Me tornei assim para sobreviver
Tão logo sua presença se apague
Eu aceito o fato
Já espero assim que começo sonhar
Não sei se o Pai Eterno existe
Mas sei em mim, sim
No meu pensar, no meu decidir
No meu sentir, no meu agir
Como uma luz clara do bem querer
Sem manchas, sem dores que não passam
Sem solidão que não suporte
Sem me curvar no teu não
E sem deixar meu sonho
Partir com você
Só apenas agora, no futuro antes
Do fim da história, juntos
Porém aqui, agora a esperar
Que haja um alguém
Que saiba amar
E no lampejo de um anjo
A derrubar um gigante
Chamado "não"
Meu destino abre a porta
Pra você me abraçar!

ACONCHEGO FAMILIAR

Eu passo e vejo tudo parado
Penso nas pessoas trancadas dentro de casa
O que fazem elas lá, se nem um sorriso sabem dar?
Eu viajo no que senti nas ruas das grandes cidades

Só pobres famintos, sujos, embriagados a perambular
No corpo só marcas dos latões de lixo a matar a fome
Esta que não é só de alimentos
Mas de aconchego familiar
Buscam no caminhar
Suas horas que o destino marcou
Até um dia cerrados seus olhos serão
No adeus às ruas, sem o teu olhar!

PAREDES

As paredes são frias como o desafeto que a vida traz
O silêncio é como o final na casa calhada
Horas de poucas ilusões, outras amargas lembranças
do seu chegar sorrindo, gritando: "amor, cheguei!"
Lá fora meus passos me levam pro corpo agradar
Vejo o mato verde crescendo sem pedir espaço
A braquiária verde sorri diante das chuvas bravas
Ela assim como um solitário teimoso, persiste verde e cheirosa
As montanhas já não tão mais secas como o nosso adeus
Elas lá firmes estão entre sol e tempestade a nos dizer:
Sejam na vida assim como eu sou!

CARÊNCIA

Carente de amor, carente de olhar
Carente de abraço, carente de amar
Amar a quem se tantos eu quero?
Meu coração vadio, vazio
Doente palpita e clama
Doente de dor e de ser machucado

Pisado e sofrido bate no peito meu
Sou carente de gente que vive em couraça
Assim é um ser feito dessa paixão
Já aceitei meu jeito perdido de viver
Não porque quero, mas assim a vida vem pra mim
Sou carente de viver
Ainda que as derrotas me persigam
Sou sim, carente e persistente
Amanhã vai ser diferente
Creio em mim
Sou o meu próprio amor!

DÁDIVA

O que é a vida?
Uma cama não estendida
Um corpo com vida
Uma pura ilusão
O que é a vida?
Se não o sol que brilha lá fora
As flores que nascem
Sabendo que lindas
Tão pouco serão
O que é o sonho?
Se não imaginação
Porém, imagem em ação
Do ser que acredita
O que são pessoas ou anjos?
São sim quem estende a mão, sonha
Imagina, e na cama desarrumada
Viaja com as mãos, com o coração!